NOTICE

HÉRALDIQUE, SIGILLOGRAPHIQUE ET NUMISMATIQUE

SUR LES ÉVÊQUES DE MEAUX

NOTICE

HÉRALDIQUE, SIGILLOGRAPHIQUE ET NUMISMATIQUE

SUR

LES ÉVÊQUES DE MEAUX

PAR LE COMTE

A. DE LONGPÉRIER-GRIMOARD

Président du Comité archéologique de Senlis,
Membre de la Société des Antiquaires de Picardie,
Associé correspondant
de la Société des Antiquaires de France.

MEAUX

A. LE BLONDEL

Libraire de la Société d'archéologie de Seine-et-Marne.

1876

NOTICE

HÉRALDIQUE, SIGILLOGRAPHIQUE ET NUMISMATIQUE

SUR LES ÉVÊQUES DE MEAUX

———————

Il est peu de chronologies locales qui offrent l'intérêt que présente l'histoire des nombreux prélats qui ont occupé le siége épiscopal de Meaux, depuis l'apparition du christianisme dans les Gaules, avec le bienheureux apôtre saint Denis, jusqu'à nos jours. C'est que la plupart de ces évêques, sortis de souches illustres, rehaussaient encore l'éclat de leur nom par de grandes vertus (1), véritable noblesse de l'âme sans laquelle le prestige de la naissance n'est qu'un don funeste, puisqu'il semble n'élever l'homme que pour rendre sa chute plus sensible ; c'est qu'ici le mérite personnel, uni au zèle infatigable de l'apostolat, ajouta toujours la puissance morale à la puissance temporelle, de sorte que les peuples se trouvaient heureux de vivre sous les lois de l'élu du clergé appelé à les gouverner (2); et que ces pasteurs vénérés, véritables suzerains dans toute l'accep-

(1) L'Eglise de Meaux s'honore de compter dans son sein neuf de ses évêques qui ont été rangés au nombre des saints.
(2) Sous l'épiscopat de Jean de Montroles, un titre fait foi que quelques personnes libres se rendirent par dévotion *serfs* ou *hommes* et *femmes de corps* de l'Eglise de Meaux. (*Histoire de l'Eglise de Meaux*, par T. Duplessis, tome 1er page 250).

tion du mot, purent ainsi rendre au trône d'éminents services en participant aux affaires de l'Etat, et en sachant si bien inspirer le respect et l'amour de l'autorité.

Les anciens évêques de Meaux jouissaient effectivement des droits de juridiction, de monnayage, etc.; leur diocèse comptait deux cent vingt-huit paroisses, dont quatre, appelées les *filles de l'évêché :* Germigny-l'Evêque, Etrépilly, Varreddes et Villenoy, appartenaient à titre de seigneuries à l'Evêque, qui exerçait aussi des droits féodaux sur la ville de la Ferté-sous-Jouarre, Lizy, Trilport, Choisy-le-Temple, etc. Le jour de sa prise de possession, l'évêque était porté depuis la porte extérieure de la ville jusqu'à la cathédrale par quatre vassaux de son église : le vicomte de Meaux, le vidame de Trilbardou, le seigneur du fief de Saint-Cler et le seigneur de Boularre.

Ce titre de Vidame, porté par le seigneur de Trilbardou, indiquait qu'il tenait sa terre d'un évêché avec la condition de défendre le temporel de l'Evêque et d'en commander les troupes. Le joli village de Trilbardou, situé au bord de la Marne, s'appelait d'abord simplement Trie avant de recevoir le surnom donné à Hugues II de Broyes dit *Bardoul,* qui en était seigneur vers la fin du xiᵉ siècle. Cet Hugues, descendant au cinquième degré de Renaud, seigneur de Broyes, près Sézanne, en Brie, connu sous le règne de Hugues Capet, fit le voyage de Terre-Sainte, en 1101. Son fils, Simon, se qualifiait seigneur de Trie-le-Bardoul; la fille de ce dernier, Félicité de Broyes, dame de Trie-le-Bardoul, porta cette seigneurie et celle de Charmantray d'abord dans la maison de Rethel, en épousant le comte Hugues de ce nom, — elle était veuve en 1228, — puis, dans celle de Coucy, par suite du mariage de sa fille Mahaut avec Thomas de Coucy.

Plus tard, Trilbardou appartint à la famille de Vaudetar, dont les membres, au xviᵉ siècle, prenaient le titre de *l'idome de Meaux,* sans aucun doute à cause de leur seigneurie de Trilbardou ; alors, le nom de ce pays ne formait plus qu'un mot (1).

(1) Pour les monuments qu'on pourrait découvrir, disons que les Broyes portaient pour armoiries : *d'azur à trois broyes d'or ;* les Rethel : *de gueules à trois râteaux ;* les Coucy : *Fascé de vair et de gueules ;* et les Vaudetar: *Fascé d'argent et d'azur de six pièces.*

Quant à la question monétaire traitée magistralement dans la consciencieuse étude (1) à laquelle nous emprunterons notre partie numismatique, cet impôt fraternel étant tout à l'avantage des lecteurs, nous croyons pouvoir en résumer ainsi le côté historique.

L'incertitude est complète sur l'époque où commença la fabrication des monnaies épiscopales à Meaux. Jusqu'à présent aucun document n'est venu confirmer ou déterminer le droit régulier de battre monnaie dont usaient certainement nos évêques, comme le constatent, à partir du xi° siècle, les découvertes déjà faites aujourd'hui.

Sous ce rapport, ces prélats se trouvaient absolument dans la situation des autres seigneurs féodaux, leurs pairs, et plus souvent leurs inférieurs en pouvoir et juridiction.

Rien de moins surprenant que de voir, alors, les évêques de Meaux inscrire leurs noms sur des monnaies particulières, dont le type, au xi° siècle, fut d'abord une *dextre bénissante*. Bientôt après surgissent des modifications dans le dessin de ces deniers épiscopaux, et l'on remarque plusieurs pièces des xi° et xii° siècles représentant une crosse entre alpha et oméga ; une main tenant une crosse ; deux crosses adossées ; puis, enfin, une tête mitrée tournée de profil.

Un accord de 1130 passé entre l'évêque Burcard et ses monnoyers montre l'importance qu'avait pour chacune des parties le bénéfice qui déjà, en ce temps reculé, résultait d'une émission monétaire. « Cet acte, le plus ancien qui nous soit resté des monuments écrits, relatifs à la monnaie de Meaux, constate que les évêques prédécesseurs de Burcard étaient dans l'usage de concéder à des particuliers l'exercice de leur droit de monnayage ; mais que cette cession, dont les conditions ne sont pas malheureusement connues, était personnelle et temporaire, et que le choix des concessionnaires appartenait entièrement à l'évêque. »

Les nombreux avantages qu'on retirait de ce genre de fabrication sont encore attestés par les représentations que fit l'un

<hr/>

(1) *Recherches sur les monnaies de Meaux*, par M. Adrien de Longpérier, membre de l'Institut, conservateur des musées impériaux, in-8°, Paris, Techener, 1840.

des successeurs de Burcard, Etienne de la Chapelle, au très-noble comte de Champagne, parce que celui-ci avait fait contrefaire les monnaies meldoises. L'on trouvera plus loin les détails de cette très-curieuse affaire.

Le traité conclu en 1208 par Blanche comtesse de Champagne et de Blois, et Geoffroi de Tressy, évêque de Meaux, est une nouvelle preuve de notre assertion; car les parties contractantes conviennent de fabriquer en commun, pendant trois années, leur monnaie dans les villes de Troyes, Provins et Meaux et, suivant les conditions stipulées, un tiers seulement des bénéfices restera à l'évêque; les deux autres tiers appartiendront à la comtesse.

Au treizième siècle, durant son long épiscopat, Pierre de Cuisy fit frapper une monnaie nouvelle et supprima l'ancienne. En 1307, l'évêque Nicolas de Chaalons rend hommage de son droit de monnayage au roi Philippe le Bel, qui le lui retira quelques mois plus tard; mais Louis X le Hutin reconnut ce privilége à Simon Festu, successeur de ce prélat, car il figure sur le règlement de 1315, donné à Lagny-sur-Marne.

A partir de Guillaume de Brosse, qui remplaça Simon Festu en 1318, l'on ne connaît pas de monnaies épiscopales de Meaux. Il est à présumer que, à dater de cette époque, les comtes de Champagne imposèrent leur type à l'exclusion de tous les autres excepté celui du roi.

Maintenant, loin de nous la ridicule pensée d'affubler de blasons imaginaires les chefs ecclésiastiques de l'Eglise primitive, alors que l'usage des armoiries n'existait pas encore; d'ailleurs notre but est seulement d'aider les archéologues à déterminer le plus possible la date des monuments qui présenteraient, ainsi que cela arrive souvent, des écussons armoriés sans légende, ou des figures héraldiques, comme le dragon de Jean du Drac, par exemple, que l'on voit encore maintenant sur un des piliers de la cathédrale de Meaux.

Peut-être aurions-nous dû nous contenter de commencer ce catalogue à l'époque où les évêques, aussi bien que les seigneurs laïques, adoptèrent ou prirent des emblèmes particuliers à leur maison ou à leur personne. Mais une simple nomenclature est chose si vite parcourue, que nous ne pouvons résister au désir de faire connaître, en quelques lignes, les prélats qui en général ont contribué à donner, par leur vie simple et bien remplie, un lustre si réel au siége que devait occuper plus tard avec tant de gloire l'immortel Bossuet.

Puis, comme les armoiries seules ne constituent pas la noblesse, dont l'origine est bien autrement antique que le blason, il nous paraît intéressant de mentionner toujours les noms, quand il ne nous est pas possible d'y ajouter la description d'un écu. L'usage, très-ancien en France, de porter un surnom de fief particulier à chaque individu, usage qui subsista longtemps encore après l'adoption de ceux qui, ensuite, formèrent ce qu'on est convenu d'appeler les *noms de famille*, n'a pas rendu facile, on le comprendra sans peine, la tâche que nous nous sommes imposée, de préciser par les armoiries à quelles maisons appartenaient véritablement les évêques. Pour arriver à publier un travail même aussi imparfait que le nôtre, il a donc fallu aller au-delà des listes déjà connues; car la plupart se contentent d'indiquer un nom douteux sous un numéro d'ordre incertain. Enfin, voici les jalons que nous avons placés, très-disposé à les aligner différemment, lorsque de plus habiles voudront bien nous venir en aide, et que la communication de nouveaux documents, que nous sollicitons vivement, nous permettra de donner une édition moins imparfaite de cet ouvrage.

1. SAINT SAINTIN. — Suivant la tradition rapportée par tous les historiens, c'est à saint Denis que les peuples de Meaux (Meldois) doivent la connaissance de l'Evangile, qu'il vint leur prêcher en compagnie de saint Saintin. Alors, le pays de ces nouveaux convertis, faisant partie de la quatrième Lyonnaise dont la capitale était Sens, forma un diocèse distinct de l'évêché de Paris, et fut confié à saint Saintin qui, après avoir aussi occupé le siége épiscopal de Verdun, revint mourir à Meaux. Certains chroniqueurs fixent cette mort à l'année 353; un autre ajoute que ce vertueux prélat donna le baptême à un *comte* de Meaux qui prit pieusement son nom (1).

Ne s'en rapportant pas au texte de saint Grégoire de Tours (2)

(1) Ms. de Pierre Janvier, conservé dans la bibliothèque de Meaux, formant sept volumes in-folio, écrits en latin et en français.
(2) Suivant plusieurs auteurs qui ont traité récemment le point historique en question, il paraîtrait démontré que Grégoire de Tours a tiré le fait qu'il affirme ainsi de deux sources différentes : les actes de saint Saturnin lui auraient fourni la mention relative à l'é-

qui dit positivement que saint Denis fut un des sept Evêques,
envoyés de Rome pour prêcher dans les Gaules, sous le con-
sulat de Decius et de Gratius, c'est-à-dire au troisième siècle,
beaucoup d'érudits de notre temps croient être certains que
saint Denis, le premier évêque de Paris, n'est autre que saint
Denis l'aréopagite, contemporain de saint Paul et l'un de ses
plus zélés et de ses plus admirables missionnaires. Il est vrai
que, sous l'inspiration divine, rien n'est impossible aux hommes,
et que l'éloquent Athénien peut fort bien, seul, avoir fait tout
ce qu'on attribue aux deux saints dont l'histoire a conservé la
légende.

Du reste, cette idée d'unification, admise maintenant par
un grand nombre d'écrivains ecclésiastiques, n'est pas nouvelle et, sans parler des controverses élevées à ce sujet aux XVIIe
et XVIIIe siècles, nous trouvons une preuve presque matérielle
de cette opinion dans une charte souscrite à Chelles par le roi
Robert, au mois de mai 1008, en faveur de l'abbaye de Saint-
Denis.

Il est facile, en effet, de remarquer sur cette pièce originale,
conservée au musée des Archives Impériales, sous le numéro 90,
que *Dyonisio*, à la onzième ligne, est écrit en caractères grecs,
au milieu d'un texte latin; or, par suite d'une tradition particulière, comme les religieux de Saint-Denis reconnaissaient
l'Aréopagite pour leur patron, et qu'ils ne manquaient jamais
de chanter la messe en grec à l'octave de la fête de saint Denis
et à plusieurs autres époques de l'année, il est évident que le
scribe auquel on doit l'exécution du beau diplôme en question
aura voulu, à sa manière, rendre hommage à une croyance gé-

poque de la mission, et la légende de saint Ursin le nom des sept
envoyés; or, si les actes ne nomment pas les saints évêques choisis
pour évangéliser les Gaules, la légende, en révélant les noms de ces
prélats, ajoute qu'ils ont été délégués par les Apôtres mêmes.....

A ce sujet, on ne peut oublier ce que dit M. Guizot dans la notice
qui précède l'excellente traduction qu'il a donnée de l'*Historia
Francorum*. « Malgré l'enchaînement chronologique des dix livres de l'*Histoire des Francs*, il s'en faut de beaucoup que les événements y soient bien classés et toujours rapportés à leur vrai temps;
il y règne au contraire une extrême confusion, et l'on rencontre
sans cesse, dans chaque livre, des récits qui devraient appartenir aux
livres antérieurs ou postérieurs. » (*Edition Didier, tome Ier, page* xx.)

néralement répandue dans l'abbaye et que Hilduin, abbé de Saint-Denis, avait manifestée le premier, vers l'an 814, sous le règne de Louis le Débonnaire, en écrivant son livre intitulé les *Aréopagitiques.*

Maintenant, sans reculer devant une difficulté dont le premier obstacle moral est de retrancher un saint vénéré du martyrologe, et sans vouloir aussi prétendre la résoudre, nous ne fixerons pourtant pas de date certaine au pontificat de saint Saintin ; mais, tout en admettant que des évêques demeurés inconnus peuvent avoir occupé le siége de Meaux avant, après ou entre les quinze prélats qui figurent jusqu'à Médouée (545) sur la chronologie adoptée depuis longtemps, nous maintiendrons les numéros d'ordre établis, bien qu'é ant très-éloigné de repousser la pieuse pensée qui ferait remonter l'origine de l'Eglise de Meaux au premier siècle le l'ère chrétienne.

La foi restée vivace dans tant de cœurs meldois nous porterait à croire, au contraire, que le souffle puissant reçu par le grand et célèbre apôtre des Gaules lui a été directement transmis par l'un des disciples de Notre-Seigneur Jésus-Christ.

2. Saint Antonin, reconnu pour le successeur immédiat de saint Saintin, continua l'œuvre de son prédécesseur, en affermissant de plus en plus la foi catholique au milieu des populations placées sous sa juridiction. Vinrent ensuite les évêques :

3. Mansuet ; 4. Modeste ; 5. Acher ; 6. Rieul ; 7. Promer ; 8. Primit ; 9. Principe et 10. saint Rigomer, né dans les environs de Meaux, et que l'Eglise a admis au nombre des bienheureux, titre pleinement justifié par un zèle apostolique qui a longtemps maintenu son culte en honneur parmi ses concitoyens.

11. Crescent ; 12 Anius ; 13. Præsidius ; 14. Promissus ; 15. Médouée, 545, assista aux conciles d'Orléans en 549, et de Paris en 555. 16. Eden ; 17. Baudoald, aussi savant que pieux ; 18. Gondoald, 614, fit partie du grand concile de Reims en 625, et fut assez heureux pour donner, en 614, le voile de religion à sainte Fare, l'illustre patronne de la Brie, en l'honneur de laquelle l'abbaye de Bénédictines qu'elle fonda vers 615, appelée d'abord l'abbaye du Pont, reçut le nom de *Faremoutiers* qui lui resta toujours.

19. Saint Faron, 626, né en Brie dans un lieu nommé Pipi-

misius(1), dont on ignore encore l'emplacement certain, fils
d'Agnéric de Bourgogne, comte de Meaux, l'un des principaux
officiers du roi d'Austrasie, et frère de saint Gagnoald, évêque
de Laon, et de sainte Fare (2).

Elevé à la cour de Théodebert où sa naissance lui assignait
un rang distingué, le jeune Faron de Bourgogne (*Burgundo-
faro*) s'attacha comme un bon ange à la personne de Clotaire II,
devint ensuite grand-référendaire sous Dagobert ; puis, renonçant aux honneurs dont plusieurs rois l'avaient revêtu, il se
voua tout entier à Dieu, et fut choisi d'un consentement una-
nime pour occuper le siége épiscopal de Meaux.

C'est à ses pieuses libéralités que la célèbre abbaye de Sainte-
Croix, connue depuis sous le nom de Saint-Faron, devait son
origine. On en fixe la date à l'an 660 ; époque vers laquelle,
aussi, paraît avoir été fondé le prieuré de Saint-Fiacre dépendant de l'abbaye de Saint-Faron.

Par suite de leur goût dominant pour l'étude, avant la Révolution française, les religieux de ce dernier monastère de l'ordre
de St-Benoît, congrégation de St-Maur, avaient su réunir beaucoup d'excellents ouvrages qui se retrouvent heureusement de
nos jours, en grande partie, dans la bibliothèque de Meaux,
dont ils forment le fonds le plus important. En 1780, l'éditeur

(1) Pipimisius Villa, à deux milles environ de Meaux, est Poincy,
suivant Hadrien de Valois ; Changy, ou plutôt Aupigny, suivant Ma-
billon ; Changy, suivant Bouquet ; Champigny, suivant Toussaint-
Duplessis. Le fait est que la position de ce lieu est incertaine. (*Polyp-
tique de l'abbé Irminon, note de B. Guérard, page 98.*)

(2) Hébert de Rocmont, dans son *Histoire de saint Faron,* dont la
bibliothèque de Meaux possède un magnifique exemplaire manuscrit,
nous donne des détails généalogiques assez curieux sur la famille de
cet évêque, qui, dit-il, tirait son origine de Léodegard, surnommé
le grand, premier comte de Boulogne, lequel, ayant été, en 511, au
secours de Sterne, roi d'Angleterre, épousa la fille de ce prince nommée Ganie, et reçut du roi Arthus, son oncle, les comtés de Pon-
thieu, d'Amiens, et les terres qui formèrent plus tard le comté de
Saint-Paul. Léodegard II maria sa fille Mathilde au comte de Bran-
debourg dont elle eut Alderi qui devint comte de Bourgogne, épousa
Richianne, fille de Rignier, comte du haut Artois, neveu de Clovis, et
fut l'aïeul d'Agneric de Bourgogne, marié à Léodegarde, fille et héritière du comte de Meaux, issue comme lui de Léodegarde de Boulogne. De ce mariage naquit notre saint. On concevra facilement que
nous ne garantissions pas l'authenticité de cette fabuleuse légende.

de l'*Almanach du diocèse de Meaux* évaluait à 15,000 le nombre des volumes composant la bibliothèque Saint-Faron. « On se fait un plaisir, ajoute-t-il, de l'ouvrir à tous les *honnêtes gens*. »

Sous l'épiscopat de saint Faron, en 634, furent aussi fondées l'abbaye de Rebais (Ordre de Saint-Benoît, congrégation de Saint-Maur), et vers 630, la célèbre maison des Bénédictines de Jouarre, qui eurent toujours pour abbesses des religieuses appartenant aux plus grandes familles de France. En 1837, une nouvelle communauté de dames Bénédictines a repris possession de cette antique abbaye.

Cet illustre et saint prélat cessa d'exister le 28 octobre 672. Deux ans plus tôt, l'Église de Meaux avait perdu le pieux ermite qui, sous le nom de saint Fiacre, est devenu l'objet d'un culte particulier dans le diocèse, et le patron de tous les jardiniers.

20. Saint Hildevert, 672. Son père (1), de noble maison, s'appelait Adalbert, et sa mère, également de haute lignée, se nommait Ève ; disciple de saint Faron, il lui succéda. La nécrologie fixe sa mort au 17 mai 680.

Au xıı\ siècle, le corps de saint Hildevert, soustrait pendant longtemps à la vénération des fidèles, fut déposé dans l'église de Gournay en Normandie par les soins du comte Hugues, seigneur de ce lieu.

21. Herling, 680 ; 22. Saint Pathus, qui mourut le jour de son élection, et dont un village des environs de Meaux porte encore le nom ; 23. Saint Ebrégisile, que l'on prétend issu de la maison royale de France (2), était au moins bien certainement de la noble famille de Saint-Authaire, seigneur châtelain d'Ussy-sur-Marne. Il mourut, vers la fin du vıı\ siècle, à Jouarre où l'on voit encore son tombeau, dans la crypte attenant à l'abbaye de ce nom.

24. Saint Landry, fils de saint Vincent Maldégaire ou Mauger et de sainte Waldetrude (3). Ce pieux prélat occupa

(1) Ms. de Lenfant, procureur à Meaux, au xvı\ siècle.
(2) Ms. de Pierre Janvier.
(3) Documents fournis par M. l'abbé Denis, chanoine de .a cathédrale de Meaux.

seulement quelques années le siége de Meaux, et paraît avoir
été finir ses jours dans l'abbaye de Soignies en Hainaut.

25. Edold ; 26. Adulfe ; 27. Ragaminat auquel est dédiée
la vie de saint Aile, abbé de Rebais ; 28. Sigenold ; 29. Erlau-
reus ; 30. Aidener ; 31. Romain, élu et sacré en 744 ; 32. Vul-
fran ; souscrivit à la fondation du monastère de Prum, en 763,
et assista deux ans plus tard à une assemblée que le roi Pépin
avait convoquée à Attigny.

33. Brumer ; 34. Hildric ; 35. Hubert, 823, d'abord maître
de chapelle de Louis-le-Débonnaire. C'est sous l'épiscopat d'Hubert que cet empereur fit frapper à Meaux des monnaies dont
on a plusieurs types différents. Cependant, si l'on s'en rapporte
uniquement aux édits connus, il paraîtrait que cette ville n'é-
tait pas au nombre de celles auxquelles les rois de la seconde
race reconnaissaient le droit de battre monnaie.

845, 1ᵉʳ concile tenu à Meaux et auquel assistèrent les évêques
de trois provinces ecclésiastiques : Sens, Reims et Bourges.

Il eut lieu le 17 juin. « On y recueillit les canons de quelques
conciles précédents auxquels on en ajouta 56, faisant en tout 80.
Ces canons dont plusieurs, surtout ceux qui défendaient l'alié-
nation des biens ecclésiastiques, incommodaient les seigneurs
laïques, excitèrent leurs plaintes. Le roi Charles-le-Chauve,
pour y faire droit, indiqua l'année suivante une assemblée générale à Epernay-sur-Marne, où ils demandèrent que les statuts
du concile de Meaux leur fussent représentés, et qu'afin de
pouvoir les examiner avec plus de liberté, les évêques eussent
ordre de se retirer. Le roi acquiesça à leur demande, et fit sortir
les prélats. Les grands, après avoir discuté les actes du concile
de Meaux, firent choix de dix-neuf canons qui ne blessaient en
rien leurs intérêts ni leurs prétentions. Ils les présentèrent aux
Evêques et leur dirent qu'ils n'en avaient accepté que cette portion, le Roi et eux n'en voulant pas adopter davantage. Ces canons furent mis au nombre des Capitulaires de Charles-le-Chauve.
Les Evêques furent fort malmenés dans cette assemblée, et,
« jamais l'ordre épiscopal, dit l'Annaliste de Saint-Bertin, ne
reçut un si grand affront. » (1)

L'Evêque Hubert mourut en 853.

(1) Art de vérifier les dates. Tome Iᵉʳ, page 164.

36. Hildeger, 853, auteur d'une Vie de saint Faron. Un denier de Charles-le-Chauve a été frappé à Meaux, tandis que Hildeger occupait le siége épiscopal. 865, première invasion des Normands qui pillèrent et incendièrent la ville de Meaux. Néanmoins, ajoute l'historien de l'Eglise de Meaux (1), « au milieu de cette désolation, l'abbaye de Saint-Faron demeura sur pied. Les troupes ennemies sortirent en foule de la ville pour s'en emparer ; et, par une protection singulière du saint Evêque, leurs chevaux s'arrêtèrent tout court : il fut impossible de les faire avancer. Les Barbares mirent le feu à toutes les maisons du faubourg ; les flammes furent portées avec violence jusqu'à l'église du monastère ; mais elles le respectèrent tellement, que le vaisseau n'en reçut aucun dommage. »

37. Rainfroi, 876 ; 38. Ségémond, fait prisonnier par les Normands lors du deuxième incendie de la ville de Meaux en 887.

39. Enguerrand, 900. Une obole de Charles-le-Simple a été frappée à Meaux à l'époque d'Enguerrand.

40. Hubert II, 909. On possède aussi une pièce du roi Raoul portant le nom de Meaux au revers ; c'est la dernière monnaie royale frappée à Meaux.

41. Cagone ; 42. Rothard, 936 ; 43. Gildric, 947 ; 44. Agerac, qui assista au deuxième concile tenu dans le diocèse de Meaux en 962. Les évêques des provinces de Sens et de Reims s'y trouvaient réunis ; l'on sait qu'il y fut question du rétablissement de Hugues de Vermandois sur le siége de Reims, et que Odalric fut élu à sa place ; mais, le lieu où se tint le concile est demeuré inconnu.

45. Archanrad, 986, inaugura le rétablissement de la cathédrale de Meaux par un synode qu'il y réunit l'année même de son élection. Le premier synode, mentionné dans l'*Histoire de l'Eglise de Meaux*, avait été tenu par l'évêque Hildeger en 868. L'église Sainte-Céline servait de lieu à cette assemblée.

L'on fixe la mort d'Archanrad à l'an 995.

46. Saint Gilbert. 995, né à Meaux où il fut inhumé dans la cathédrale en 1009, fils de Fulcard de Vermandois et d'une

(1) Tome 1er, page 87.

mère de noble race nommée Gillette (1), descendait par conséquent de Pépin, roi d'Italie, second fils de l'empereur Charlemagne et d'Hildegarde, sa seconde femme. Cet Evêque se trouvait au concile réuni à Chelles, le 17 mai 1008, ainsi que
vient le prouver une charte du roi Robert (2) portant concession
de droits de justice à l'abbaye de Saint-Denis, et sur laquelle
figure la souscription de saint Gilbert, comme Evêque des Meldois : *Gillebertus, Meldensium episcopus.*

Avant d'occuper le siége épiscopal de Meaux, le bienheureux
prélat était archidiacre de cette église, et s'était fait déjà remarquer par sa science et ses touchantes vertus. C'est sous son
pontificat que les biens de la cathédrale furent séparés en deux
parts : l'une affectée à l'Evêque, l'autre attribuée aux Chanoines.
Ces derniers réclamèrent le partage pour sortir de la dépen-
dance dans laquelle ils étaient placés vis-à-vis de l'Evêque qui
devait seul pourvoir à leurs besoins temporels. A cette époque,
les chanoines vivaient en commun.

17. MACAIRE, 1009. Cette date, conforme à l'opinion des Bol-
landistes, qui fixent la mort de saint Gilbert à l'an 1009, ne
peut être révoquée en doute en présence de la Charte souscrite
au nom de l'évêque Macaire, le 9 janvier 1011 (3) : *Actum Meldis
publice, sub die XVI° kalendarum februarii, regnante Rotberto
rege, anno II episcopatus nostri.*

Ce document original est la confirmation au chapitre de N. D.
de Paris des autels de Rozoi et de Moret, à la prière de Rainaud, évêque de Paris. La signature de Macaire paraît autographe ainsi que la croix dont elle est précédée, croix qui est accostée d'un A et d'un Ω : S. MACHARII PSULIS. A ☩ Ω (*Signum
Mocharii præsulis*).

Après la mort de ce prélat, arrivée en 1025, Lisiard, archidiacre de Meaux, soutenu par Eudes II, comte de Blois, qui, lui-
même, s'était mis en possession de la comté de Meaux, s'empara du siége épiscopal, et cette usurpation aurait pu durer
longtemps si Fulbert, évêque de Chartres, n'eût obtenu du roi

(1) Ms. de Lenfant.
(2) Musée des Archives de l'Empire, n. 90.
(3) Même collection, n° 92.

Robert qu'il emploierait l'autorité de l'Archevêque de Sens, assisté de tous ses suffragants, pour déterminer Lisiard à renoncer à ses prétentions mal fondées, sous peine de voir lancer contre lui les foudres de l'Eglise.

48. BERNER, 1028, issu des seigneurs de Barcy, terre qu'il donna à ses chanoines, ainsi que beaucoup d'autres biens, parmi lesquels l'église de Saint-Martin de Meaux et la prévôté de Changy. Le nom de cet évêque figure parmi ceux des grands du royaume qui souscrivirent à la charte du roi Robert, pour le rétablissement de l'abbaye de Coulombs.

49. DAGOBERT. C'est vers l'épiscopat de ce prélat que fut sans doute frappée la monnaie portant les noms de Troyes et de Meaux avec le monogramme de *Karolus*, que notre très-cher et très-savant frère Adrien nous engage à placer au nombre des monnaies des comtes de Champagne. Plusieurs de ces deniers avec le nom de Troyes et de Meaux se sont rencontrés dans le trésor découvert à Rome au milieu des ruines de la basilique de Saint-Paul-hors-les-murs; or tou t es les monnaies françaises qui composaient ce dépôt ont été frappées dans les soixante premières années du xiᵉ siècle, c'est-à-dire pendant les règnes de Robert et d'Henri Iᵉʳ (1).

50. GAUTIER, 1045. Ce prélat, auquel on donna le surnom de *Saveyr* (sage ou savant), fit commencer et poussa très-loin la reconstruction de la cathédrale actuelle de Meaux, qui porte le titre de Saint-Etienne, mais qui est aussi placée sous le vocable de la Sainte Vierge, comme le prouvent des actes authentiques des xiᵉ et xiiᵉ siècles (2). Le roi Henri Iᵉʳ ayant envoyé l'évêque

---

(1) Voyez sur l'âge de ces monnaies *Revue Numismatique*, 1840, page 44, et G. di San-Quintino, *Monete scoperte nei dintorni di Roma nel* 1843. Torino. 1846, pl. II, n° 2.

(2) *Notice historique et descriptive sur la cathédrale de Meaux*, par Monseigneur l'évêque de Meaux, page 6 (1ʳᵉ édition). Dans les lettres du pape Paschal II, en 1103, et d'Etienne évêque de Meaux, en 1180, les chanoines de cette ville sont appelés : *Canonici B. Mariæ beatique protomartyris Stephani*; Henri, comte de Champagne, les nomme en 1152: *Canonici sanctæ Mariæ sanctique Stephani Meldensis ecclesiæ (Adr. Valesius, not. Gall.,* p. 331). Plusieurs variétés de méreaux frappés pour l'usage de l'église et du chapitre de Meaux, aux XVᵉ et XVIᵉ siècles, représentent un buste de la Sainte Vierge voilée, couronnée et nimbée, tenant l'enfant Jésus dans ses bras, avec la légende : AVE MARIA GRATIA PLEN. au revers, dans le champ : AVE; autour : S.

Gautier en Russie demander au czar Jaroslaff sa fille Anne en mariage, cette mission fut couronnée d'un plein succès, et la princesse, sous la conduite du prudent et habile diplomate, quitta son pays et fit son entrée à Paris, comme reine de France, en 1049.

C'est à Gautier Saveyr que sont attribuées les premières monnaies épiscopales frappées à Meaux. Ces deniers représentent presque tous une main dont le pouce et les deux premiers doigts sont ouverts pour donner la bénédiction avec la légende : GALTERIUS PRESV (præsul) et au revers : une croix avec MELDIS CIVITA.

1080, troisième concile tenu à Meaux par le légat Hugues de Die, dans lequel Ursion, évêque de Soissons, fut déposé et Arnoul, abbé de Saint-Médard, mis à sa place. On y confirma de plus la donation que Geoffroi, comte du Perche, avait faite récemment à Cluni, du monastère de Saint-Denis-de-Nogent, malgré la réclamation de l'abbé de Saint-Père-de-Chartres, qui prétendait qu'il lui appartenait.

Sous ce pontificat eut lieu la fondation du prieuré de Sainte-Foy, à Coulommiers.

Deux chartes originales, portant la souscription de l'évêque Gautier Saveyr : *Sign m Gualterii Meldensium episcopi*, sont conservées aux Archives de l'Empire. La première, du 27 mai 1067, Paris, est la confirmation de la donation faite par Jean de Saint-Caprais à l'abbaye de Saint-Denis, du domaine de la Chapelle, en Berry.

La seconde prouve, par sa date du 6 janvier 1083, Poissy, que notre prélat vivait encore à cette époque, bien que, suivant son épitaphe faite par le sous-diacre Fulcoïus, auteur du XIᵉ siècle, on fixe ordinairement sa mort un an plus tôt. Ce curieux docu-

---

STEPHANVS MELDENSIS. On sait que les méreaux se distribuaient aux chapelains et aux chanoines, comme jetons de présence ; le passage suivant écrit dans les mémoires manuscrits du curé Janvier (t. II, p. 141) le prouverait au besoin. « DÉCEMBRE. Le jour de la Conception de la Vierge, se doit distribuer, avec les méreaux de l'*Ave regina*, à chacun chapelain, un sol. Le 8, il y a distribution aux petits et grands chapelains seulement, et le jour de la Conception ; et pour ce un sol et six deniers, cela se rapporte à l'article cy-dessus, car le peu d'assiduité que font les chanoines à l'église contre leur serment et foy leur ont fait oster les méreaux. »

ment a, pour la contrée meldoise, un intérêt de localité tout particulier; car, c'est une confirmation de l'abandon fait par Hugues Stavel, chevalier, de l'avouerie qu'il exerçait sur les terres de l'abbaye de Saint-Germain-des-Prés, à Dammartin.

51. Robert, 1083. Son élection avait eu lieu dans le quatrième concile tenu à Meaux le 28 octobre, après la mort de Gautier-Saveyr par les légats Hugues de Die et Amé d'Oléron, en présence de Thibaud II, comte de Champagne et de la comtesse Adèle, sa femme. Toutefois, comme Richer, archevêque de Sens, n'assistait pas à cette assemblée, indigné de ce que l'élection s'était faite sans sa participation, il excommunia Robert, qui était auparavant abbé de Rebais, le 2 novembre 1085, bien qu'il eût été sacré évêque de Meaux, et, de concert avec ses suffragants, lui substitua Gautier de Chambly. Dans ce concile, auquel se trouvaient seulement deux évêques de la province de Sens, ceux de Nevers et de Troyes, — les souscriptions ne portent en outre que les noms de l'archevêque de Bourges et de sept autres prélats, — il fut réglé que les monastères qui ne pourraient entretenir que dix religieux seraient soumis à Marmoutiers ou à Cluny.

52. Gautier de Chambly, 1085. *De gueules à trois coquilles d'or*, armoiries de la maison de Chambly, mais que l'évêque Gautier ne devait pas porter encore. Fils d'un chambellan du roi, et frère des évêques de Paris et de Noyon.

Quatre seigneurs de ce nom : le sire de Chambly, Pierre, Grismouton et Jean de Chambly prirent part à la première Croisade publiée sous cet épiscopat. Déjà, au temps de notre évêque, sa famille était en possession de la seigneurie et du château de Chambly, ancienne demeure royale située en Beauvoisis En 1741, l'unique héritière de cette maison antique épousa le comte de la Tour du Pin, avec l'obligation de faire porter au fils qui naîtrait de leur union le nom et les armes de Chambly.

Une monnaie très-rare de ce prélat confirme l'usage des droits régaliens nouvellement acquis alors à son évêché. Elle présente une crosse entre un A et un Ω : GALTERVS PRESVL; au ℞, une croix : MELDIS CIVITAS.

Gautier de Chambly, auquel on reproche d'avoir prêté l'appui de son autorité à Philippe Iᵉʳ lorsqu'il répudia la reine Berthe pour épouser Bertrade de Montfort, femme du comte d'Anjou, refusa cependant d'assister au concile de Reims que ce roi assembla dans l'espérance d'y faire ratifier son mariage.

Le nécrologe du chapitre de Meaux marque la mort de ce prélat au 26 juillet 1105 et celui de l'abbaye de Change au 20 juillet de la même année.

53. MANASSÈS, 1105. Comme l'histoire rapporte que ce prélat, appelé très-jeune à gouverner l'église de Meaux, appartenait à une grande famille; que Yves, évêque de Chartres, écrivant à l'archevêque de Sens pour s'excuser de ne pas assiter au sacre de Manassès, dit (1) que l'élection d'un tel évêque est un véritable honneur pour l'Eglise; qu'enfin, l'usage d'adopter dans les familles nobles un nom qui semblait leur possession presque exclusive était général à cette époque : toutes ces raisons ne pourraient-elles pas faire penser que Manassès était de la maison de Dammartin, remontant à Manassès (2), premier comte connu de cette ville (située seulement à cinq lieues de Meaux), lequel vivait au ... ᵉ siècle?

(1) Toussaint Duplessis, liv. II, page 130.

(2) Sans ajouter grande créance à la généalogie en vers publiée, avec des observations sur le texte par Dreux du Radier, dans le *Conservateur*, —Paris, chez Lambert (juillet 1757). —généalogie commençant en 646 et qui donne pour auteur à la maison de Dammartin un contemporain du roi Clovis II, le comte *Assaillant*, dont le nom rappelle un peu ceux des chevaliers compagnons du roi Artus, de fantastique mémoire, nous ne pouvons admettre, avec certains historiens, que Dammartin ait été érigé en comté au profit de Manassès en 1028. A cette date, il est vrai, l'on trouve sur l'acte de confirmation que le roi Robert accorda à l'abbaye de Coulombs la souscription du comte Manassès, avec celles d'autres grands du Royaume; mais, cette pièce révèle seulement l'existence et la qualité de ce seigneur déjà mentionnées, d'ailleurs, dans un accord de 1025, selon toutes probabilités, conclu entre François, évêque de Paris, le chapitre de Notre-Dame et le comte Hilduin, représentant du comte Eu-

Nous fondons encore cette opinion sur le désir naturel que devaient avoir des seigneurs aussi voisins, de placer près d'eux un des leurs sur le trône épiscopal de la contrée, alors qu'ils voyaient portée à son comble la puissance temporelle des prélats.

Manassès assista en 1108 au sacre du roi Louis-le-Gros, à Orléans. Quatre ans auparavant (c'est-à-dire avant d'être évêque), il avait été témoin de la déclaration solennelle que le roi Philippe fit à Paris de renoncer à Bertrade. Ce prélat mourut le 9 janvier 1120.

La souscription de l'évêque Manassès se trouve sur une autorisation originale donnée par le roi Louis VI, Paris 1108 (1), aux serfs de Notre-Dame de Paris de témoigner en justice contre les hommes libres ; sur un autre acte de fondation à Puiseaux, Paris, 1112 (2) ; et sa signature autographe : + signv̄ Manasse Meldensis epi. (*Signum Manasse Meldensis episcopi*) figure avec celles de beaucoup de prélats, au bas du grand diplôme (3), qui institue l'abbaye de Saint-Victor de Paris. Cette charte de fondation est datée de Châlons-sur-Marne et souscrite par Louis VI, le Gros, en 1113.

L'ancienne maison de Dammartin portait : *Fascé d'argent et*

des Ier de Champagne, au sujet de l'avouerie et du marché de Rozoy-en-Brie, charte exposée au musée des Archives de l'Empire, sous le n° 94.

Suivant les données générales qu'indique M. Fauriel, dans son *Histoire de la Gaule Méridionale* (t. II, page 89), nous serions plutôt tenté de penser que les premiers seigneurs de Dammartin furent du nombre des comtes créés par Clovis Ier et qui étaient chargés, comme gouverneurs de provinces, de la police, de la justice et de la levée des milices. L'on voit que nous recherchons la lumière pour éclairer ce que les généalogistes nomment assez justement *la nuit des temps*.

(1, 2, 3) Musée des Archives de l'Empire, n°s 123, 130 et 131.

d'azur de six pièces, à la bordure de gueules. Nous donnons toujours, ici, le dessin de ces armoiries, qui sont peintes sur les vitraux de la charmante église Notre-Dame, à Dammartin ; dans la pensée qu'un monument héraldique quelconque pourrait surgir un jour et venir confirmer notre proposition très-hypothétique assurément.

54. BURCARD, 1120, participa en 1124 à la fondation du monastère de Fontaine, prieuré conventuel formé de religieuses de l'ordre de Fontevraud ; en 1127, à l'établissement d'une maison de Bénédictines, à Noëfort, sur le territoire de Saint-Pathus (1) ; et, après avoir fait pendant treize ans l'édification de son diocèse, s'étant retiré à Saint-Victor de Paris, il y mourut au commencement de janvier 1134 (2).

Saint Bernard félicitait l'archevêque de Sens de ce qu'il ne gouvernait plus qu'en suivant les conseils de Burcard (3).

Les monnaies de ce saint évêque sont nombreuses ; leur type ne diffère guère cependant que par la grandeur. C'est toujours une main tenant une crosse avec la légende : BVRCARDVS EPS (*episcopus* remplace ici *præsul*) 〖 + CIVITAS MELDIS avec une *croix cantonnée de deux besants.*

55. MANASSÈS II, 1134, neveu de Manassès Ier, n'est-il pas une nouvelle preuve de la répétition d'un nom dans une même famille ? C'est sous l'administration de ce prélat, qui dura 23 ans, sa mort étant fixée au 26 avril 1157, qu'eut lieu, en 1135, la fondation de l'abbaye de Chaage, composée de chanoines réguliers qui suivaient la règle de Saint-Augustin. — Dès le XIIe siècle ils entrèrent dans la congrégation de France, autrement dite de Sainte-Geneviève ; — celle du prieuré conventuel de Collinances formé de religieuses de l'ordre de Fontevraud (4), et douze ans plus tard (1147) la notable visite à Meaux, du pape Eugène III.

(1) Bien que ce couvent ait été transféré à Meaux, en 1626, le nom de Noëfort est demeuré attaché aux anciens bâtiments, situés près de Saint-Pathus, comme on appelle encore ainsi, au faubourg Saint-Nicolas, le lieu jadis occupé par les religieuses Bénédictines avant la Révolution française.

(2) L'abbé Lebeuf, *Histoire du diocèse de Paris,* t. II, page 544.

(3) Toussaint Duplessis, liv. II, page 133.

(4) Outre ces monastères, avant la première révolution, il en existait encore d'autres à Meaux et dans le diocèse, mais, comme on ignore l'année de leur fondation, nous mentionnerons seulement ici le nom de ces

Le plus ancien sceau connu des évêques de Meaux est de Manassès II ; il est appendu à une charte de 1157 relative à l'abbaye du Val : *Manasses secundus, Dei gratia Meldensis episcopus*. L'évêque y est représenté debout, vu à mi-corps de face, tête nue, tenant sa crosse à gauche et bénissant de la main droite (1). Sceau rond en cuvette, de 45 mill. Manasses Meldens. episcopvs (*Manasses Meldensis episcopus*).

56. REINAUD, 1158, élu après une vacance de siége de près d'une année, c'est le premier moine qui ait gouverné le diocèse depuis Hildeger.

Il existe des sceaux de cet évêque, et une curieuse monnaie de billon représentant deux crosses adossées ; dans le champ, trois étoiles posées une et deux : + REINALDVS EPSV. ℞. Croix cantonnée de deux étoiles + CIVITAS MELDIS.

Ces deux crosses posées en pal offrent une combinaison singulière, mais non sans exemples, à laquelle pendant longtemps néanmoins on n'avait pas cherché d'explication.

En 1848, la raison de cette double crosse a été donnée dans un article spécial de la *Revue archéologique* (2), où l'auteur fait remarquer que de même que pour les monnaies de Saint-Omer, de Noyon, de Tournay, de Constance, de Mayence, le type des deniers de Rainaud devait s'expliquer par l'intention de symboliser un double gouvernement ecclésiastique. Rainaud, avant d'être évêque, avait été abbé de Jouy, diocèse de Sens.

maisons conventuelles. Dans les faubourgs et le grand Marché de la ville : Sainte-Céline, ancienne abbaye de Bénédictins devenue plus tard un prieuré simple, à la nomination du Roi ; Saint-Père de Cernillon, d'abord aussi abbaye de Bénédictins, transformée en prieuré à la nomination de l'abbé de Saint-Faron ; Saint-Rigomer, primitivement, sans doute, église abbatiale réduite au titre de prieuré à la nomination de l'abbé de Chaage ; puis, au dehors, les prieurés de Reuil et de Nanteuil-le-Haudouin, appartenant tous deux aux Bénédictins de l'ordre de Cluny. Nous ne parlons bien entendu que des maisons religieuses qui faisaient partie de l'ancien diocèse de Meaux.

L'on peut y ajouter encore les six commanderies de l'ordre de Saint-Jean de Jérusalem (Malte) qui, pour la plupart, avaient remplacé des maisons de Templiers, à Choisy-le-Temple, dont le Commandeur était principal membre du grand prieuré de France ; Coutran, près la Ferté-Gaucher ; Lagny-le-Sec ; Moisy, paroisse de Montigny-l'Allier ; L'Hôpital, paroisse de Coulommiers, dont le chef-lieu avait été transféré à Maison-Neuve, sur le même territoire ; enfin Dieu-l'Amant, près Saint-Fiacre.

(1) Archives de l'Empire, S. 4185, n° 9.
(2) Tome IV, page 816.

Dom Toussaint Duplessis (1) fait observer que ce prélat *régulier*, — c'est-à-dire appartenant à un ordre monastique, — avait conservé des moines pour chapelains. «Sans doute dans la vue de se retracer toujours, même au milieu de son palais, la vie du cloître qu'il avait embrassée dès ses premières années. » Il fut enterré dans l'abbaye de Jouy, et on peut facilement conclure de ces diverses circonstances que les deux crosses si exceptionnellement figurées sur les monnaies de Meaux représentaient l'évêché uni à l'abbaye de Jouy. C'est ainsi qu'à Noyon, à Tournay ces insignes rappelaient la réunion des deux siéges épiscopaux; qu'à Saint-Omer ils étaient le symbole des deux monastères, et qu'ils ont eu le même sens en Allemagne pour les évêchés de Constance-Windisch et de Mayence-Worms.

Le fragment de sceau (55 millimètres) que l'on conserve aux Archives de l'Empire, sous le n° 1442 (L.), représente l'évêque Rainaud debout, vu de face, mitré, crossé et bénissant :   SIGIL.... Ce sceau est appendu à une confirmation, par *R. Meldensis episcopus*, d'une donation faite à Saint Martin des Champs par Hugues de la Chapelle, sans date.

Rainaud mourut le 1er mai 1161.

57. HUGUES, 1161, d'abord doyen de la cathédrale, mourut quelques mois après son élection.

58. ETIENNE DE LA CHAPELLE, 1162; *de sinople à trois jumelles d'argent ;* frère de Gautier, seigneur de la Chapelle et de Villebéon, chambrier ou chambellan du roi, ainsi que l'indiquent tous les historiens qui se sont occupés de la chronologie des évêques de Meaux.

(1) *Histoire de l'Eglise de Meaux,* t. 1er, page 158.

Un document original, conservé aux Archives de l'Empire (1), nous permet de donner ici les noms du père et de l'aïeul de ce prélat; tous deux également chambriers du Roi, charge bien certainement héréditaire dans leur famille.

L'acte en question est un échange de terres conclu entre Gautier, fils de feu *Philippe*, chambrier du Roi, et l'abbé de Saint-Victor, en 1203.

N'ayant pas de sceau, dit la charte, le contractant pria son aïeul *Gautier*, aussi chambrier du Roi, d'y apposer le sien. Ce sceau ogival de 65 millimètres, empreinte de pierre gravée, représente une tête d'homme de profil, tournée à gauche : ✝ SIGILL' GALTERI CAMERARII ; au contre-sceau, de forme ovale en longueur, un lion passant tourné à droite : ✝ GALTERVS CAMERARI⁹ (*Camerarius*).

Comme on sait qu'Etienne et Gautier de la Chapelle étaient frères, il est évident que le premier, aussi bien que le second, devait être fils et petit-fils des chambriers Philippe et Gautier.

Le village de la Chapelle-Gautier, canton de Mormant, arrondissement de Melun, porte encore actuellement le surnom qui le distingue des autres communes appelées aussi La Chapelle, en souvenir de l'un de ses anciens seigneurs, ancêtre de l'évêque de Meaux.

Trois des neveux de notre prélat furent évêques comme lui. Il assista au couronnement du roi Louis VII et de la reine Alix, fille de Thibaud, comte de Champagne, et fut appelé à l'archevêché de Bourges en 1171. Après s'être retiré à l'abbaye de Saint-Victor de Paris, il y mourut en 1177. Son corps reposait dans le chœur de l'église de ce monastère. L'épitaphe suivante était gravée sur son tombeau :

Pax populi clerique decus, patriæque patronus
Stephanus hujus amor urbis et orbis obit.
Meldis episcopium, primatum Bituris, ortum
Parisius tumulum continet iste locus.
Idibus hic jani terris divisus et astris,
Quæ dederant cœlum terraque solvit eis (2).

(1) S. 215¹
(2) Lebeuf, *Histoire de la ville et du diocèse de Paris* ; tome II, page 544. Paix du peuple, honneur du clergé, patron de la patrie, Etienne, amour de cette ville (Paris) et de l'univers, meurt évêque de Meaux,

C'est sous l'épiscopat de ce prélat que Simon, vicomte de Meaux, et Ade son épouse fondèrent vers 1170, à Raroi, près de Crouy-sur-Ourcq, un monastère pour les religieux de l'ordre de Grandmont qu'on appelait alors *Bons-Hommes*. Cette maison, érigée en prieuré par le pape Jean XXII (1317), passa plus tard aux Feuillants, puis après aux pères de l'Oratoire qui la conservèrent jusqu'à la révolution de 1793.

Les monnaies d'Étienne sont fort nombreuses. Le premier, cet évêque fit mettre sa tête sur ses deniers. Nous nous contenterons d'en indiquer ici deux types bien distincts.

1° + STEPHANVS. EPC. Crosse entre deux fleurs de lys. ℞. MELD. CIVITAS. Croix cantonnée de deux doubles cercles. — 2° O STEPHANVS EPC. Tête mitrée à gauche. ℞. + MELD. CIVITAS. Croix cantonnée de deux fleurs de lys et de deux croissants.

A l'occasion du droit de monnayage que ce prélat eut à revendiquer contre son puissant voisin, nous puiserons encore dans l'ouvrage de M. Adrien de Longpérier des détails dont on appréciera certainement tout l'intérêt.

« Le comte de Champagne, y est-il dit (1), ayant eu, avec l'évêque de Meaux, une querelle dont nous ignorons les causes, avait fait contrefaire la monnaie meldoise. L'évêque, justement blessé de ce singulier procédé, fit des représentations au comte qui se repentit et donna en 1165 une charte qui a été bien des fois citée (2), et qui en effet est un monument des plus curieux des mœurs du moyen âge. Henri, comte palatin de Troyes, déclare qu'il a fait faire, dans ses domaines, de la monnaie semblable à celle de Meaux ; mais que, reconnaissant son tort, il jure sur les Saints Evangiles que, désormais, il ne fera faire ni permettra de faire de la monnaie meldoise, soit bonne, soit fausse, *nec bonam, nec falsam*. De plus, il ordonne à tous les gens de ses

Primat de Bourges ; Parisien de naissance, ce lieu contient son tombeau. Ici, partagé entre le ciel et la terre aux ides de janvier (le treize), le ciel et la terre reprennent ce qu'ils avaient donné chacun (l'âme et le corps).

(1) Page 16.
(2) Dom Martenne, *Ampl. collect.*, supp. T. Ier, col. 873. — Brussel, Usage des fiefs. — Du Cange, *verbo Moneta*. — Duby, Traité des monnoies, des prélats et barons. — Hiver, Revue numismatique 1831, page 33.

comtés de Provins et de Troyes de recevoir les monnaies de
Meaux sans aucun change, et sans établir de distinction entre
elles et ses propres monnaies.

D'après son ordre, trois de ces barons, Anselle, bouteiller,
Hugues de Plancy et le connétable Eudes jurèrent qu'ils n'a-
giraient pas contrairement à ce qui venait d'être convenu, ni
de leur consentement, ni par leur conseil. « *Immo,* ajoute la
charte, *si me aliter velle facere pressentirent, dehortationibus et
quibuscumque possent precibus ne facerem impedirent.* »

« On pourra s'étonner de voir un comte palatin de Champagne et de Brie, après avoir engagé solennellement sa parole
en jurant sur de saints reliquaires, après avoir consigné ce serment dans une charte, obliger son bouteiller et son connétable
à se rendre garants de sa bonne foi, à jurer de tout mettre en
usage, exhortations et prières, pour l'empêcher de faire, encore
une fois, de la fausse monnaie. Mais, au XII° siècle, un fait
semblable n'avait rien de choquant, et cette transaction n'est
pas l'unique de son espèce. »

59. Pierre, 1172, devint cardinal du titre de Saint-Chrysogone, et fut aussi évêque de Tusculum. Le pape Alexandre III
l'envoya plusieurs fois en France revêtu de la qualité de légat.
Sur l'ordre du Saint-Père, il se démit de l'évêché de Meaux en
1173. L'on n'a de ce prélat qu'une monnaie :

PETRVS EPISCOP. Tête mitrée à gauche ; devant une
crosse. ᵰ. † MELD. CIVITAS. Croix cantonnée de deux fleurs
de lys et de deux besants.

Voici la courte biographie donnée par Aubery, dans son histoire générale des cardinaux (1).

« Pierre françois de nation, fut, au sortir des écoles, archidiacre d'une cathédrale, puis abbé de quelque monastère, et
enfin évêque de Meaux. Je sais bien que ce dernier point pourrait être contesté par quelques-uns sur ce que Claude Robert
ne lui a point donné de lieu parmi les évêques de cette église ;
mais cela est si clairement avéré par le témoignage de quelques anciens auteurs que ce serait témérité de le vouloir révoquer en doute.

Il fut créé par Alexandre III, l'an 1161, cardinal prêtre du

(1) *Paris, MDCXXXXII: page* 188.

üître de Saint-Chrysogone et se démit de son évêché aussitôt
après sa promotion, afin de vaquer plus librement aux affaires
du Saint-Siége, étant plus que raisonnable de préférer le bien
de l'Eglise universelle aux intérêts d'une particulière.

Six ans après, Sa Sainteté le nomma légat pour la France,
avec charge de mettre en interdit la Normandie et toutes les
autres terres du roi d'Angleterre, tant de çà que de là la mer,
s'il continuait d'empêcher la consommation du mariage accordé
entre Adèle, fille de France, et Richard duc de Guyenne son
second fils. Mais l'Anglois, que l'on soupçonnoit être épris de
l'amour de cette jeune princesse, tâcha de contenter le légat en
signant quelques articles pour la paix entre lui et le roi de
France et promettant publiquement de remettre, en bref, la
princesse Adèle en puissance du duc de Guyenne son fils, auquel elle était accordée.

Au retour de cette légation, il reçut ordre de passer par le
Languedoc pour voir s'il n'y aurait pas moyen de purger ce
pays-là de la nouvelle hérésie des Albigeois. Le Cardinal s'y
rendit accompagné des archevêques de Bourges et de Narbonne
et, assisté de quelques fameux capitaines, il fit paroitre dans
les rencontres la passion et le zèle qu'il avait pour la conversion de ses peuples, et mourut peu de temps après, sous le
pontificat du même pape Alexandre III. »

60. PIERRE II, 1178, fut élu, mais l'on ignore s'il prit jamais possession de son évêché, qui était encore vacant en
1175.

61. SIMON DE LIZY, 1176, écu *losangé* (1), fils de Hugues,

(1) Nous n'hésitons pas à donner ces armoiries à l'évêque Simon,
bien convaincu que c'étaient celles de sa maison. Elles se trouvent
représentées sur le fragment d'un sceau orbiculaire de Hugues de

seigneur de Lizy et de Mareuil, bienfaiteur de l'abbaye de Saint-Faron, où il se fit religieux (1). Simon assista au troisième concile de Latran (1179). Quelques années après (1182), Foucauld de Saint-Denis (2), seigneur de Juilly, fit construire en ce lieu une belle église et y établit une communauté de chanoines réguliers de Saint-Augustin. Ce pieux personnage obtint promptement (1184) l'érection en abbaye de cette maison qui devait plus tard devenir un célèbre collège (3), grâce aux pères de l'Oratoire, appelés depuis peu de temps à en reprendre très-heureusement la direction. Enfin, en 1190, eut lieu la fondation du couvent de Chambre-Fontaine.

Le comte Henri de Champagne ayant institué la commune de Meaux (1180), Simon de Lizy souffrit cette innovation, mal-

Mareuil (sceau de 54 mill. Archives de l'Empire, J. 199) appendu à une charte où *Hugo de Marolio* promet à Philippe Auguste de le servir contre Thibaud, comte de Champagne, dans le cas où celui-ci viendrait à manquer à ses engagements envers le Roi.— Mars, 1221.

Un autre sceau également rond, de Pierre de Mareuil, chevalier (37 mill. Arch. de l'Emp. S. 5173), chargé aussi d'un écu pointu losangé, est appendu à un acte d'échange entre *Petrus de Marolio* et les Templiers de Lagny-le-Sec; février 1254. L'on remarquera que, sauf quelques légères variantes, qui pourraient être considérées comme des brisures, plusieurs familles de la Brie, au treizième siècle, chargeaient leur écu d'un losangé. Il serait téméraire d'en conclure que toutes celles qui portaient les mêmes armes sortaient d'une souche commune; mais un rapprochement possible à établir entre elles n'en existe pas moins.

(1) Histoire de l'Eglise de Meaux, livre III, page 253.

(2) Ce Foucauld était peut-être l'aïeul de « *Jehans, chevaliers sires de Juilli, en l'éveschié de Meaux,* » qui octroya un amortissement à l'abbaye de Sainte-Geneviève, en juin 1284. A cette pièce originale, conservée aux Archives de l'Empire, sous le nº 14 (S. 1588), est appendu un sceau orbiculaire de 35 millimètres, représentant un écu pointu chargé d'une croix fleurdelysée : †. S'IOHIS DE SCO DIONISIO MILITIS (*Sigillum Johannis de Sancto Dionisio, Militis*). Au contre-sceau, le même écu : † HOQVES SECRETV. MEV. (*Hoques — hoc est — secretum meum*). Une croix fleurdelysée, semblable à celle de Jean de Saint-Denis, se retrouvant sur tous les sceaux connus des différents seigneurs portant ce dernier nom, il est évident que ce symbole héraldique était celui de sa famille, et par conséquent l'emblème que devait avoir dans ses armes le fondateur de la maison de Juilly. La mention qu'en fait Palliot nous indique, en outre, que cette croix fleurdelysée était de gueules sur un champ d'argent. (*Vraye et parfaite science des armoiries,* page 343.)

(3) Lire l'intéressant ouvrage intitulé : *Histoire de l'Abbaye et du collège de Juilly,* par M. Charles Hamel, Paris, 1868.

gré l'excommunication lancée au nom du pape, ¡ .. Jean, évêque de Chartres, et, grâce à sa clémence, les Juifs, d'abord chassés par l'édit du roi Philippe-Auguste, purent revenir à Meaux, où un quartier porte encore leur nom aujourd'hui.

Le nécrologe Meldois fixe au 7 mai 1195 la mort de Simon de Lizy.

On connaît un denier de ce prélat : ⊹ SIMON EPISCOPVS. Tête mitrée ; devant, une crosse. ℞. MELD. CIVITAS Croix cantonnée de deux fleurs de lys et de quatre besants, deux et deux.

Son sceau ogival de 68 millimètres, appendu à une charte de 1191, souscrite à Meaux, en faveur de l'abbaye de Saint-Germain-des-Prés, représente un Evêque debout, vu de face, mitré, crossé et bénissant : † SIGILLVM SIMONIS MELDENSIS EPISCOPI (1). Nous possédons deux autres chartes souscrites par l'évêque Simon au profit de l'abbaye de Chaalis, près de Senlis ; la première en date, 1185, est une donation faite à ce monastère par Guillaume, chevalier d'*Anet*, de trois arpents de prés situés entre Annet et Varennes-sur-Marne ; la seconde, de 1189, est aussi une donation, consentie en faveur du même couvent de Chaalis, par Pierre, chevalier, surnommé *Latruie*, de quatorze arpents moins un quartier de terre, au Val de Coudrel, sur le territoire de *Compens*. Ces pièces originales n'ont plus de sceaux ; mais l'on conserve, aux Archives de l'Empire, différents titres d'' xur° siècle, émanant de seigneurs qui portaient également ... urnom singulier de *La Truie ;* et, comme leurs sceaux, cha...gés d'armes parlantes, représentent une ou plusieurs *Truies*, il n'y a aucune autre signification possible à donner à ce sobriquet, qui sera peut-être devenu un nom de famille.

À une autre charte souscrite par l'évêque Simon, en faveur du prieuré de Saint-Martin-des-Champs, est appendu un sceau orbiculaire de 43 millimètres, représentant un personnage debout, la main droite étendue et tenant de la gauche un livre très-grand. SIGILLVM PETRI MELDENSIS CANTORIS. Or, ce Pierre était frère de Simon de Lizy qui le nomme *pré-*

(1) Archives de l'Empire, L. 1206.

chantre dans l'acte : « *Sigilli nostri et sigilli Petri fratris nostri, precentoris Meldensis.* » 1178.

62. Anseau, 1197. Une vieille chronique nous dit qu'il était de la maison de Garlande : *d'or à deux fasces de gueules*. L'*Histoire de l'Eglise de Meaux* se contente de mentionner que ce prélat appartenait à une famille noble de Paris, qu'il était fort connu à la cour, où il tenait un rang distingué. Qui pouvait, en effet, s'y trouver mieux posé qu'un membre de l'illustre maison de Garlande, laquelle avait déjà fourni trois sénéchaux et un chancelier à l'Etat ?

En 1198 eut lieu, dans le diocèse de Meaux, la fondation de l'ordre des Trinitaires, pour la rédemption des captifs, par les bienheureux saints Jean de Matha et Félix de Valois ; le monastère de Cerfroid, qui fait partie maintenant de l'évêché de Soissons, en était la maison-mère. Après sept siècles d'existence, interrompue en 1793, cette maison, éprouvée comme tout ce qui est grand sur la terre, a été réorganisée il y a peu d'années par le révérend père Calixte de la Providence.

L'on conserve (1) un sceau de l'évêque Anseau, appendu à une charte de 1201 relative à la légitimation des enfants de Philippe-Auguste et d'Agnès de Méranie, qui mourut de douleur lorsqu'elle se vit répudiée. Ce grand sceau ogival de 85 millimètres représente l'évêque debout, vu de face, mitré, crossé et bénissant ✝ SIGILLV' ANSELLI MELDENS. EPISCOPI. La charte datée de Sens, au mois de janvier, est souscrite au nom de A. *Dei gratia Meldensis ecclesie minister humilis.* Au contre-sceau, un évêque assis, vu de face : ✝ SECRETVM EST MICHI.

(1) Archives de l'Empire. J. 362, n° 4, et K. 1518.

Celui-ci se trouve appendu à une charte de 1204, relative à un échange de serfs.

En 1204, Anseau assista au cinquième concile tenu à Meaux par le légat du pape (Jean, abbé de Casemare), pour rétablir la paix et la concorde entre les rois de France et d'Angleterre (1); puis il mourut en 1207 et fut enterré dans l'abbaye de Barbeaux, où il s'était arrêté en se rendant à Rome.

Nous croyons devoir parler ici d'un très-beau sceau dont on conserve encore à Meaux (2) la matrice en bronze et qui, en raison de la forme de ses lettres, doit appartenir à la fin du XIIe siècle ou au commencement du XIIIe. Il représente saint Etienne, vu de face, en buste, tenant un livre et une palme; autour : SIGILLVM SCI STEPHANI MELDENSIS ACCLE (*sic*). (*Sigillum sancti Stephani ecclesiæ Meldensis.*

Le dessin qui se trouve ici est dû au talent et à l'obli-

(1) *Art de vérifier les dates*; Conciles.
(2) Cabinet de M. Amédée Dassy.

geance de notre neveu Henri de Longpérier. *Talis pater, talis filius.*

Une empreinte du même sceau ogival de 75 millimètres est appendue à une charte de 1217, et à une autre pièce originale de 1317 (1); cette seconde empreinte est ornée d'un contre-sceau représentant un personnage debout, vu de face, tenant un livre des deux mains. SECRETVM SCI ST..... EN (*Secretum sancti Stephani Meldensis*).

63. Geoffroi de Tressy, 1208. *Losangé d'argent et de gueules*, Armoiries de la maison de Poissy, dont l'évêque Geoffroi faisait partie selon toute apparence ; le nom de Tressy, sous lequel on le désigne ordinairement, lui ayant peut-être été donné par suite d'une erreur de copiste, très-commune au moyen-âge, s'il ne lui venait pas d'un fief appartenant à sa famille qui le lui avait imposé, suivant l'usage du temps.

Ce prélat, originaire du Puiset, en Brie, ancien chanoine et trésorier, ne fut pas sacré aussitôt après son élection. S'occupant de sa haute juridiction, Geoffroi passa un traité avec la comtesse Blanche de Champagne, pour la fabrication en commun de leurs monnaies dans les villes de Troyes, Provins et Meaux. Il eut longtemps à soutenir ses droits épiscopaux contre plusieurs communautés; enfin, cet excellent pontife renonça à ses honneurs et dignités pour se retirer à l'abbaye de Saint-Victor de Paris, où il vécut en véritable et saint anachorète jusqu'en 1214. Pendant un carême et un avent entiers, il se priva de boire et ne mangea que trois fois par semaine (2).

(1) Archives de l'Empire, J. 443.
(2) Lebeuf, *Diocèse de Paris*, t. II, page 544.

3

Imitant la réserve des auteurs du *Gallia Christiana* (1), nous nous serions contenté de répéter, avec eux, que, sur le tableau des anniversaires de Saint-Victor (2), cet évêque était appelé Geoffroi de Poissy (*Gaufridus de Pissiaco*), aussi bien que dans différentes chartes reproduites par Gaignières, si une preuve matérielle que ce nom était bien le sien ou du moins celui de sa maison n'était pas fournie par l'évêque Geoffroi lui-même, auquel on voudra bien s'en rapporter, sans doute, pour trancher la question. En effet, sur son contre-sceau (3) représentant une fleur de lys, accompagnée en chef à dextre, d'un Ω et, à sénestre, d'un A, il est très-facile de lire † SECR' GAVFR' DE PISSI (*Secretum Gaufridi de Pissiaco*). Or, pour l'évêque de Meaux comme pour les autres membres de la famille de Poissy, dont on conserve également plusieurs sceaux (4) du xiii⁰ siècle, chargés d'inscriptions, le mot *Pissi* indique évidemment Poissy (*Pissiacum*); donc, notre prélat était bien un Poissy, quand même il aurait été connu sous le surnom de Tressy.

Disons, en passant, que trois sceaux des seigneurs de Poissy présentent un écusson losangé.

Quant au contre-sceau rond, vraiment très-important en raison du nom qui s'y trouve gravé, il est placé derrière un sceau ogival de 55 millimètres, offrant l'image d'un évêque mitré et crossé, assis sur un siége dont la forme rappelle celle du trône du roi Dagobert : † S. GAVFRIDI MELDENSIS EPIS. et ledit sceau est appendu à une charte souscrite au profit de l'abbaye de Saint-Germain-des-Prés, au mois de novembre 1209.

Un autre sceau du même évêque est appendu à une pièce originale de *Gaufredus, Dei paciencia Meldensis electus* (5), en faveur du prieuré de Saint-Martin-des-Champs; 1208. Sur ce sceau ogival, de 50 millimètres, est représenté un personnage debout, vu de face, à mi-jambes, la tête nue, et tenant des deux mains un livre sur sa poitrine : † SIGILL' GAVFRIDI MELDENSIS ELECTI.

(1) *Gallia Christiana, Ecclesia Meldensis*, t. VIII, p. 1620.
(2) *Sic* : *II nonas Februarii anniversarium solemne venerabilis memoriæ magistri Gaufridi de Pissiaco quondam Meldensis episcopi, qui de episcopatu suo ad nos veniens, et societatis nostræ frater effectus, privatam penes nos ducere vitam elegit.*
(3, 4 et 5) Archives de l'Empire, l. 704 ; s. 2350, s. 3433.

64. GUILLAUME DE NEMOURS, 1214. *De sinople à trois jumelles d'argent, l'écu brisé d'une bordure engrêlée de gueules.* Fils de Gautier de Villebéon, seigneur de La Chapelle, et d'Aveline, dame et héritière de Nemours.

Après avoir eu quelques différends avec la comtesse de Champagne, il lui écrivit cependant, dans le but de continuer l'association formée entre elle et son prédécesseur pour l'émission de leurs monnaies. Guillaume de Nemours mourut le 19 août 1221, et fut enterré à l'abbaye de Barbeaux, après avoir occupé le siége de Meaux sept ans.

Son sceau ogival, de 75 millimètres, appendu à un *vidimus* de 1219 (1), le représente debout, la mitre en tête et bénissant : † SIGILLVM WILL'I MELDENSIS EPISCOPI (*Sigillum Wilhelmi, Meldensis episcopi*).

Au contre-scel est un agneau pascal : † AVE MARIA GRA- CIA PL. (*plena*).

De la même époque, on connaît encore un sceau de Guérin archidiacre de Meaux, appendu à une charte du mois de novembre 1215. Cette empreinte représente un saint Étienne debout, vu de face, tête nue, vêtu de la tunique et de la dalmatique, tenant une palme de la main droite et un livre de la main gauche : SIGILL' GARINI MELDENSIS ARCHI- DIACONI (2).

A deux chartes du mois de juin 1216 se trouvent aussi appendus les sceaux : 1° de Raoul, doyen de Meaux (3), ogival de 58 milli- mètres, représentant un personnage debout, tenant un livre des deux mains :... GILL' RADVLFI MELDENS. DECAN. (*Sigillum*

(1) Archives de l'Hospice général de Meaux.
(2 et 3) Archives de l'Empire, K. 28 ; S. 2249.

Radulfi Meldensis decani; 2° de Pierre de Chatenay (1), chanoine de Meaux, orbiculaire de 45 millimètres, représentant un arbre en fleurs, portant deux oiseaux, et en ayant deux autres au pied : ✝ SIGILLV' PETRI DE CASTANETO.

Pierre de Villebéon était à la troisième croisade, et Gautier de Nemours faisait partie de la quatrième. Aux cinquième et septième croisades, cette chevaleresque maison avait encore pour représentants : Gautier de Villebéon, deuxième du nom, Geoffroy de la Chapelle, sire de Nemours et de Villebéon, et Pierre de Villebéon (2).

65. AMAURY, 1221, d'abord archidiacre de l'église de Meaux, occupa seulement pendant deux ans le siége épiscopal. Très-peu de temps après avoir été installé, s'étant vu insulter dans la personne de ses officiers, ce prélat voulut sans doute que l'absence de toute musique vint répandre dans les esprits une sorte de tristesse en harmonie avec les souffrances morales de son cœur froissé ; car, à cette occasion, suivant l'expression de Dom Toussaint Duplessis, il fit *cesser* les orgues dans la cathédrale de Meaux et dans toutes les autres églises du diocèse.

L'acte qui révèle l'application de cette mesure juridique ne dit pas quel genre d'outrage venaient de subir les serviteurs de notre évêque (3).

« L'usage tout profane auquel avait servi l'orgue jusqu'au septième siècle avait empêché les chrétiens de l'admettre dans leurs temples, et les Pères de l'Eglise en avaient toujours rejeté l'emploi ; mais, dès que les fêtes et les spectacles du paganisme eurent disparu avec les divinités pour lesquelles ils avaient été institués, l'orgue fut transporté dans les basiliques chrétiennes. Venantius Fortunatus, dans ses vers au clergé de Paris, écrits sous l'épiscopat de saint Germain, à la fin du cinquième siècle, met l'orgue au nombre des instruments dont on se servait pour accompagner les voix. Mais son emploi dans les églises ne fut solennellement consacré qu'en l'année 660, par un décret du pape Vitalien. C'est à la même époque qu'on commença seule-

(1) Archives de l'Empire, s. 2249.
(2) Charte d'Acre (1191), Dominique Jauna, Moréri, Joinville, Musée de Versailles.
(3) *Histoire de l'Eglise de Meaux*, tome II, page 112.

ment à donner à l'orgue le nom qu'il porte aujourd'hui. Les divers perfectionnements qu'on y avait introduits l'avaient rendu le premier des instruments; aussi fut-il appelé l'instrument par excellence : *Organum* (1). »

A Meaux, les orgues frappées de mutisme par l'évêque Amaury, avons-nous besoin de le dire? n'étaient pas celles qu'on admire actuellement dans la cathédrale; car ce magnifique instrument, aux sons suaves et puissants, dû à l'habile facteur Valeran de Héman, n'y fut placé qu'en 1627.

Amaury, comme plusieurs de ses devanciers, alla finir ses jours à l'abbaye de Saint-Victor de Paris, où il reçut la sépulture. Sa mort eut lieu le 7 janvier 1223.

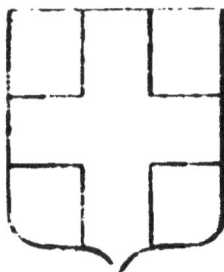

66. Pierre de Cuisy, 1223. *Écu chargé d'une croix* (2). Fils de Milon, seigneur de Cuisy, fondateur de l'abbaye de Chambre-Fontaine.

Ce prélat était, dès 1223, au concile de Paris, et fut un des

(1) F. Danjou, *Répertoire des connaissances usuelles*, t. XIII, page 792.

(2) Mss. de Pierre Janvier. — Palliot, dans sa *Vraie et parfaite science des Armoiries*, dit : « Cuisé, *d'argent à la croix engrêlée de gueules, chargée de cinq coquilles d'or.* » Ce nom et ces armes n'ont-ils pas une singulière analogie avec le nom et l'écu de notre évêque? Pourtant, nous serions tenté de croire que cette croix adoptée par Pierre de Cuisy était un emblème moins héraldique que religieux, ayant trouvé un sceau de Gilon de Cuisy, sans doute frère de l'évêque Pierre (Archives de l'Empire, S. 5253, n° 7), qui représente un écu losangé au franc canton presque effacé, mais paraissant chargé d'hermines, lequel offrirait pour nous les armes véritables des seigneurs de Cuisy, et par conséquent celles de la famille de l'évêque de Meaux. Ce sceau est appendu à l'approbation par *G. dominus de Cuisiaco miles*, d'une vente faite aux Trinitaires de *Pons Reginæ*, en 1229.

évêques qui assistèrent à l'assemblée des grands du royaume où fut traitée, à Tours, en 1224, la question de savoir si les évêques de Lisieux, de Coutances et d'Avranches devaient servir, en personne, dans les armées du roi. — 1226, fondation de l'abbaye de Pont-aux-Dames, ordre de Citeaux, par Hugues de Châtillon. — 1228, l'évêque de Meaux obtient de Philippe, comte de Boulogne et de Dammartin, du consentement de Mathilde son épouse, le droit d'être reçu et de pouvoir se retirer avec les personnes de sa suite dans le château de Dammartin, lorsque des contestations, qui étaient fréquentes entre les évêques de Meaux et les comtes de Champagne, lui feraient craindre de ne pouvoir demeurer en sûreté chez lui.—1229, sixième concile de Meaux, transféré à Paris et présidé par le cardinal de Saint-Ange, romain. En présence de l'archevêque de Narbonne, de tous ses suffragants et de l'évêque de Meaux eut lieu ensuite, à Notre-Dame, la réconciliation de Raymond VII, comte de Toulouse, qui vint, *nu et en chemise*, demander pardon à Dieu et à l'Eglise, en confessant ses hérésies. — 1234, établissement à Meaux de la maison des RR. PP. Cordeliers sous la direction d'un *Gardien*; et à la même époque, fondation de l'abbaye de Notre-Dame à Ormont près Fimes, d'où cette communauté, composée de chanoinesses régulières, est venue se fixer à Meaux en 1629.

Un septième concile fut assemblé à Meaux, en 1240, par Jacques de Palestrine, légat du pape Grégoire IX, pour y publier la sentence d'excommunication de l'empereur Frédéric II.

Deux a ⸱ ⸱ us tard, notre évêque, comme plusieurs de ses pairs, reçut *semons à Chinon, au lendemain des octaves de Pasques pour aller sur la comté de la Marche, l'an de grâce* 1242. En tête du rôle, il est dit que ceux qui *s'ensuivent,* et le nombre en est grand, *doivent service et ne declarent pas quel.* Parmi les chevaliers *semoncés,* le diocèse de Meaux comptait : Pierre et Eude des Barres, Guillaume de Nanteuil, Geoffroy de Poency, Guillaume de Silly, Guillaume de Monceau, Estienne du Chesne pour Jehan de Nanteuil et Renaut *qui a la femme de feu ledit Jehan.*

Pierre de Cuisy mourut le 9 mai 1255, après avoir occupé trente-deux ans le siége épiscopal.

Il existe plusieurs sceaux de l'époque de ce prélat; le sien d'abord, dont une empreinte est appendue à une charte de 1225 relative à son droit de battre monnaie (1), et un autre, toujours en cire verte, de forme ogivale (73 mill.), à l'acte d'une donation faite, au mois d'avril 1226, aux *lépreux* de Saint-Lazare, par Hugues de Mareuil, .valier (2). L'évêque y est représenté debout, vu de face, la tête mitrée, tenant sa crosse d'une main et bénissant, de l'autre; le fanon ou plutôt le manipule au bras gauche : † SIGILLVM PETRI DEI GRACIA MELDENSIS EPI. (*Sigillum Petri, Dei gracia Meldensis episcopi*).

Au contre-scel : saint Etienne à genoux recevant le martyre. S. STEFANVS GRACIA.

Les autres sceaux orbiculaires de 38 millimètres (3), qui sont ceux de l'officialité, représentent une grosse tête mitrée; devant, une crosse. † S. CVRIE MELDENSIS EPISC (*Sigillum curiæ Meldensis episcopi*). Au contre-sceau, un cerf passant à droite : † NOTLA. CVR. MELD (*Notula curiæ Meldensis*). Empreintes en cire jaune.

Un second sceau de 40 mill. offre le même type; la tête mitrée accostée de deux fleurs de lys : † S. CVRIE MELDENSIS EPISC. Au contre-sceau, CV—RI—A dans le champ et autour : † MELDENSIS (*curia meldensis*).

L'on conserve également aux Archives de l'Empire deux autres sceaux de la même époque et dont la description doit trouver place ici ; le premier appendu à une sentence arbitrale rendue en faveur de l'abbaye de Sainte-Geneviève au mois de janvier 1229 (4) est de l'archidiacre Hugues de Luzarches; sa forme est ovigale (65 millimètres) et il représente un personnage debout, tenant un livre des deux mains. † S'MAGRI. H. DE LVZARCH MELDENSIS ARCHIDI (*Sigillum magistri Hugonis de Luzarchis, Meldensis archidiaconi*).

Le second, appendu à une charte de 1235 (5), est celui de Pierre de Atra, chanoine de Meaux; ovigal de 39 millimètres, il représente une fleur se rapprochant pour la forme d'une fleur

(1 et 2) Cabinet de MM. Dassy et Lefèvre, à Meaux.
(3) Archives de l'Empire, L. 1470.
(4) Ibid. S. 5005.
(5) Ibid. ogival de 70 millimètres, J. 203.

de lys... MAGRI. P. D. A... AD CAV... (*Sigillum magistri Petri de Atra, ad causos.*)

Parmi les abbayes qui devaient *charoy au Roy toutes fois que le corps du Roy va en guerre en quelque lieu que ce soit*, se trouve celle de Chaage, de la prévosté de Meaux, pour une charrette toute attelée, dans un rôle de la Chambre des comptes de l'an 1253.

67. Aleaume de Cuisy, 1255. *Ecu losangé au franc canton d'hermines*, tel qu'il se voit sur le sceau que nous avons décrit dans la note relative aux armes de Cuisy, page 37.

Ce prélat, seigneur du Plessis-Gilon (maintenant Plessis-l'Evêque), était frère du précédent évêque, qui l'avait d'abord nommé chantre de l'église de Meaux : il assista au concile de Paris, réuni à l'occasion du meurtre du chantre de Chartres, et, en 1259, il donna permission au roi saint Louis d'employer en œuvres pies les restitutions que ce prince s'était engagé à faire en son diocèse, dans le cas où ceux auxquels elles avaient été attribuées ne pourraient être découverts.

Toussaint-Duplessis fixe au 13 octobre 1267 la mort d'Aleaume de Cuisy. L'on conserve (1) un sceau de ce prélat, en tout semblable pour le type à ceux de son frère, sur un accord entre lui et Thibault, roi de Navarre, touchant la place du Marché de la ville de Meaux. Février 1264.

L'évêque est debout, vu de face, mitré, crossé et bénissant ; seulement, une étoile en plus, à dextre : S'ALERMI DEI GRACIA MELDENSIS EPISCOPI. Au contre-scel, un saint Etienne nimbé, debout, tenant un pavé à la main, et couronné par

(1) Archives de l'Empire. S. 5008.

une main céleste : † STEPHANVS PLENVS GRA. (*Gratia*).

Il existe, aux archives de l'Empire (1), une charte du mois d'avril 1263 contenant une donation faite aux Templiers. A cette pièce est appendu un sceau rond de l'officialité (87 mill.) représentant une tête mitrée de profil à gauche, adextrée d'une crosse et accompagnée d'une étoile et d'un croissant : † S. CVRIE EPISCOPI MELDENSIS.

68. JEAN DE POINCY, 1268, fils d'Ovide, seigneur de Poincy, d'une famille noble du diocèse de Meaux. Ce prélat s'occupa beaucoup de sa cathédrale et fit continuer ce bel édifice entrepris par Gautier Saveyr et tombant déjà en ruine (2).

Pierre Janvier indique un écu losangé comme étant les armes de sa maison; mais il a probablement confondu les *Poincy* avec les *Poissy* qui portent : *losangé d'argent et de gueules*, ainsi qu'il a été dit. Nous pensons que les armes de notre évêque de-

(1) Archives de l'Empire, J. 460.

(2) Au chapitre général, tenu en 1268, il fut arrêté qu'outre les aumônes réclamées des fidèles pour la perfection de ce grand ouvrage, on prendrait encore une année des revenus de tous les bénéfices qui viendraient à vaquer dans le diocèse, pendant l'espace de dix années. Monseigneur l'évêque de Meaux, dans son intéressante monographie de la cathédrale, publiée en 1839 et à laquelle nous avons déjà eu recours, cite avec raison des passages de l'acte de 1268, reproduit par Toussaint-Duplessis (tome II, n° 395) pour donner une juste idée de l'état de l'édifice à cette époque : « *Quoniam tam decora, tam nobilis structura nostræ Meldensis ecclesiæ, tum propter sui necessitatem, tum propter materiæ vitium in suis parietibus et columnis, innumeras demolitiones patitur et fissuras, per quas ipsius Ecclesiæ ruina timetur horribilis.... Verum, quia ad reparationem, imo quasi ad omnimodam refectionem structuræ tam mirificæ de necessitate expediat expensas et sumptus innumerabiles exhiberi....* »

vaient représenter *deux lions léopardés passants, l'un sur l'autre,* tels qu'on les voit sur le sceau de Geoffroy de Poincy, appendu à une plainte des barons de France contre le Roi, adressée au pape Grégoire IX et datée de Saint-Denis, en septembre 1235 (1); car, il est hors de doute que ce Geoffroy de Poincy (*Gaufridus de Poenciaco*) est le même seigneur que celui déjà mentionné, à l'article de Pierre de Cuisy, parmi les chevaliers du diocèse de Meaux, *semoncés*, en 1242, pour aller sur la comté de la Marche.

Dans la liste des bienfaiteurs des Hospices de Meaux (2), figure Marguerite de Poincy, morte en 1238. Jean de Poincy, lui, cessa d'exister le 27 octobre 1269.

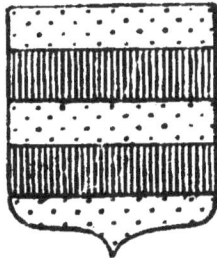

69. JEAN DE GARLANDE, 1269, *d'or à deux fasces de gueules,* d'une ancienne maison originaire de Brie, remontant à Guillaume Ier du nom, seigneur de Garlande et de Livry, qui vivait sous le roi Philippe Ier. Son fils Gilbert de Garlande, dit Payen, fit le voyage de la Terre Sainte avec Godefroy de Bouillon, en 1096, et se distingua particulièrement au siége de Nicée. Notre prélat était peut-être ce Jean de Garlande, seigneur de Possesse, que le père Anselme mentionne en disant seulement qu'il mourut avant son frère (3). Il aurait été fils alors de Anselme de Garlande IIIe du nom, seigneur de Tournehan (Tournan) et de Possesse, dont la femme se nommait Isabelle, et que « *le Roi fit arrêter prisonnier parce qu'il détenait les enfants du seigneur de Procres en son château de Tournehan. L'évêque de Paris les en ayant tirés et remis*

(1) Arch. de l'Emp., Ile-de-France, J. 350, n° 3.
(2) Cette liste dressée par M. de Longpérier, ancien maire de Meaux, est gravée sur des tables de marbre et a été placée dans la chapelle de l'Hôpital général, au mois de janvier 1853.
(1) *Histoire généalogique de la maison de France,* tome VI, page 31.

entre les mains de leurs parents, il fut mis en liberté au mois de décembre 1260. »

L'histoire nous apprend que Jean de Garlande ne resta que peu de temps sur le trône épiscopal de Meaux, et qu'il mourut le 1er janvier 1272. Sur un rôle de la chambre des comptes, dressé en 1271 (1), au milieu des *chevaliers et escuyers et autres qui doivent service au Roy, et qui vinrent en l'ost de Foix et confessèrent par leur cédules les services si comme ils sont ci escrips,* figurent l'archidiacre de Meaux, lequel doit service au Roy pour raison de sa terre de la prévosté de Paris, mais ne *sceit quel service il doit ;* et le comte de Dammartin qui envoya deux chevaliers, *lesquiex il doit pour servir 40 jours pour sa terre de Moncy, et pour sa terre de Trie, et en envoya par dessus autres quatre, de sa grâce.*

L'on connaît plusieurs sceaux de l'officialité de l'archidiacre de Meaux; deux, semblables en tout pour les types et les légendes, sont appendus à des chartes de 1262 (2) et de 1274 (3) ; ils sont orbiculaires (environ 30 millimètres) et représentent une croix patée, cantonnée de croissants et d'étoiles : CVRIE ARCHID. BRIE MEL. (*Sigillum curiæ archidiaconi Briæ Meldensis* (4). Au contre-sceau, une tête de face : ✝ BRIE MELDEN (*Briæ Meldensis*). Le troisième, appendu à une vente faite aux Templiers de Lagny-le-Sec, en juillet 1274 (5), est aussi orbiculaire (33 millimètres) et offre l'image d'un Agnus Dei ayant, à sénestre, une étoile : ✝ S. CVRIE ARCHIDIACONI MELDEN. (*Sigillum curiæ archidiaconi Meldensis*). Au contre-sceau, une fleur de lys fleuronnée : ✝ S' CVR 'ARCHID' AD NOT. (*Sigillum curiæ archidiaconi ad notulas* ou *notas*).

70. Odon, soldat, puis dominicain avant d'être évêque, se

(1) La Roque, *Traité du ban et arrière-ban,* page 33.
(2) Archives Impériales, S. 5008.
(3) Ibid. J. 383.
(4) Il y avait aussi un archidiacre de Brie au diocèse de Paris et un autre au diocèse de Soissons. Les trois archidiacres exerçaient leur juridiction sur la portion de la Brie afférente à leurs diocèses respectifs. On comprend que, pour éviter toute confusion, un archidiacre de Brie, de l'Eglise de Meaux, ait ajouté sur son sceau le nom de son diocèse.
(5) Archives Impériales, S. 5173.

retira à Dijon où il fut enterré dans l'église des Dominicains de
ce.te ville, en novembre 1274 (1). Sur sa tombe, placée du côté
de l'épitre et où cet évêque de Meaux était représenté en habits
pontificaux, on pouvait lire l'inscription suivante : *Hic jacet
frater Odo Tutonicus, qui primo miles, deinde in ordine Fratrum
Prædicatorum prior, postmodum Meldensis episcopus, obiit anno
Domini MCCLXXIV. Sabbato infra octavas beati Martini.*

71. JEAN DE MONTROLES, 1272. Le fief de Montroles dépen-
dait de la seigneurie de Betz, au diocèse de Meaux. Daimbert
de Montroles, probablement l'aïeul de l'évêque Jean, figure sur
un acte de donation faite à l'abbaye de Fontaine en 1134 par
Thibaud de Crespy (2). Ce prélat suivit le Roi en Flandre et assista à la bataille de Courtray, accompagné du vicomte de
Meaux (3) et du vidame de Trilbardou, puis il mourut le 18 février 1283.

(1) *Gallia Christiana, T. VIII, Ecclesia Meldensis, p.* 1630.

(2) Mss. de Pierre Janvier.

(3) La maison de Meaux-Boisboudran, qui porte : *d'argent à cinq
couronnes d'épines de sable,* doit ce précieux emblème au roi saint
Louis, que Gauthier, dit Giffard, vicomte de Meaux, suivit à la quatrième croisade, en 1248, ayant alors un écu : *de sable à la jumelle
d'argent;* mais, étant en Palestine, Gauthier reçut la mission de conduire et d'accompagner la couronne de N.-S. Jésus-Christ jusqu'à
Paris, où elle fut déposée à la Sainte-Chapelle. et au retour de son
bienheureux maître en France, celui-ci, en témoignage particulier
de sa satisfaction, lui octroya la permission de prendre pour armoiries cinq couronnes semblables à celle qu'il avait eu l'honneur de
recevoir en dépôt.

Selon Janvier, ce Giffard descendait de Saintin, premier gouverneur ou comte de Meaux, que saint Saintin avait baptisé en lui donnant son nom; il ajoute que le comte Saintin portait : *d'argent à
trois fasces de sable;* or, ce seigneur aurait vécu alors au quatrième
siècle ! Le même auteur dit encore que saint Quentin, grand écuyer
de Gontran, roi d'Orléans, appartenait à la maison de Meaux.

Dom Toussaint Duplessis, lui, regarde les comtes de Vermandois
comme les plus anciens comtes héréditaires de Meaux : dignité qu'ils
conservèrent jusqu'en 1019. Plus tard, en 1036, apparaît Hugues
d'Oisy, châtelain de Cambray et vicomte de Meaux; mais, comme
vassal des comtes de Vermandois, qui probablement avaient gratifié
ses ancêtres de cette vicomté. Palliot dit, dans sa *Vraie et parfaite
science des armoiries,* que la maison de Meaux portait primitivement:
d'argent à la fasce de gueules, et, ailleurs, il donne malgré cela pour

L'évêque de Meaux se trouvant sur la liste des prélats, abbés et abbesses du royaume de France qui ont payé à «Mons. Jean d'Acre (*J. de Brienne dit d'Acre*), bouteiller de France, chacun cent sols parisis toutes les fois qu'ils étaient archevesques, évesques, abbez et abbesses, pour raison de la Bouteillerie de France» (1), il est à présumer que Jean de Montroles, ses prédécesseurs et successeurs ont acquitté ce tribut à leur avénement au siége de Meaux, durant les trente-huit années (1258 à 1296) que Jean de Brienne exerça la fonction de bouteiller.

Un sceau de Gilles Camelini, chanoine de Meaux, est appendu à une procuration des bourgeois de Toulouse pour traiter avec le roi Philippe le Hardi (2) (21 mars 1278). Il est de forme ogivale, a 39 millimètres et représente le martyre de saint Etienne, et au-dessous, un petit écusson pointu parti d'une demi-fleur de lys et d'un demi-château : S. EG..... MELINI CANO MELDEN. (*Sigillum Egidii Camelini, Canonici Meldensis*).

72. ADAM DE VAUDOI, 1283, reprit l'œuvre de Jean de Poincy et fit continuer les travaux de sa cathédrale ; les vitraux de la chapelle Saint-Jacques étaient dus à sa libéralité, aussi son portrait y figurait-il.

Pierre Janvier, dans le deuxième volume de son singulier ouvrage, donne le dessin d'un sceau de l'évêque Adam.

Nous n'aurions pas eu la pensée d'en reproduire ici la description, si le docteur Rochard, qui lui-même a laissé de curieux manuscrits sur l'histoire de Meaux, ne nous en avait pas donné l'exemple. ADAM DEI GRACIA MELDENSIS EPISCOPVS, 1291. (Quant à cette date, sur un sceau, elle ne nous parait pas admissible.) Un évêque mitré, debout et bénissant. Au contre-scel, le buste de saint Etienne. Ste STEPHANT ORA PRO NOBIS.

Vaudoi, paroisse du diocèse de Meaux, appartenait très-anciennement à la famille du Tilloy qui en portait le nom (*de*

brisure à un sire de Coucy un petit écusson de *gueules plein*, en ajoutant que c'est de Meaux ancien. Les armes *de sable à la jumelle d'argent* ont été adoptées avec raison au musée de Versailles, pour la salle des Croisades, comme étant les premières qu'ait portées Giffard de Meaux; du moins, c'est là notre opinion.

(1) *Histoire généalogique de la maison de France*; Père Anselme, t. VIII, p. 599.

(2) Archives de l'Empire, J. 313.

gueules à l'aigle d'argent). Il ne nous semble pourtant pas possible d'attribuer les armoiries de cette maison à l'évêque Adam, mort le 13 février 1298. Du reste, la seigneurie du Tilloy était située au territoire et sur la paroisse de Vaudoi.

73. JEAN DE LA GRANGE, 1299. Une charte souscrite au nom de *Jehan par la soufrance de Dieu évesque de Miaux* (1), en 1299, ne nous laisse aucun doute sur l'époque de son épiscopat, quoique l'auteur de l'*Histoire de l'Eglise de Meaux* (2) prétende que le siége était encore vacant en 1300, et que son élection n'a eu lieu qu'en cette même année ou même en 1301.

Le sceau ogival de 60 mill. appendu à cette pièce représente un évêque vu de face, debout, mitré, crossé, bénissant, et accosté de deux fleurs de lys, sur un champ fretté :... IOHANNIS... A (*Dei gracia*) EPI. MELDENS. Au contre-scel, un buste de saint Etienne nimbé, vu de face, dans une pluie de pierres. † 9TS' I. EPI. MELDENSIS (*contrasigillum Johannis episcopi Meldensis*).

Jean de la Grange assistait à la réunion des grands du royaume que le roi Philippe-le-Bel tint à Château-Thierry, en 1303, pour mettre fin à la guerre de Flandre.

Quant à sa famille, malgré le grand nombre de maisons de ce nom en France, nous pensons qu'elle était originaire des environs de Coulommiers, ville du diocèse de Meaux, et que notre évêque était fils d'un Jean de la Grange, celui qui, en

____

(1) ARCHIVES DE L'EMPIRE, J. 165, n° 70. Nous possédons un sceau ogival représentant la sainte Vierge tenant l'enfant Jésus dans ses bras, avec ces mots autour : S. IEHAN LE FVISELIER DE MIAVZ.

(2) Toussaint Duplessis.

1234, fonda une chapelle à la Grange-Justice (1). Ses armes alors seraient : *losangé d'or et de sable au franc canton d'argent chargé de 9 croissants de gueules, posés 1, 3, 2 et 3, à l'étoile de même mise en cœur.*

Jean de la Grange mourut au mois de février 1305.

74. NICOLAS DE CHAALONS, 1305. *De gueules à trois pals de vair, au chef d'or chargé de deux lions léopardés et affrontés de gueules.* Fils de Wermond, vidame de Chaalons, de la maison de Châtillon, secrétaire du roi saint Louis.

L'on conserve un sceau de cet évêque, appendu à une charte de 1306 (2). Ce sceau ogiv: ¡ (60 mill.) représente un évêque debout, vu de face, mitré, crossé, bénissant et accosté de deux fleurs de lys : † S. NICOLAI DEI GR... EPI. MELDEN. Au contre-scel, la lapidation de saint Etienne : † CONTRAS. EPI. MELDEN., (*Contrasigillum episcopi Meldensis*). En 1307, il rendit hommage au roi Philippe-le-Bel pour son droit de monnayage, droit que ce monarque lui retira sept mois après (3).

Toussaint Duplessis met à la place de Nicolas de Chaalons un évêque du nom de *Nicolas Volé,* parce que, confondant le fils avec le père, il a peine à comprendre qu'il ait pu déjà être secrétaire de saint Louis en 1269. Mais, nous croyons pouvoir nous en rapporter à Duchesne qui, dans son *Histoire de la maison de Châtillon* (4), est positif à cet égard, comme tous les auteurs qui se sont occupés des évêques de Meaux (5).

75. SIMON FESTU, 1308. Nous savons seulement qu'il naquit

(1) Toussaint Duplessis, tome I, p. 128.
(2) Archives de l'Empire, L. 850.
(3) Brussel, *Usage des fiefs.*
(4) Page 706.
(5) Phélipeaux, *Catalogue des év. de Meaux.* **Ms.** de Janvier, etc.

à Fontainebleau, sans avoir aucun autre renseignement sur sa famille. Avant son élévation à l'épiscopat, l'évêque Simon était chanoine de Chartres, archidiacre de Vendôme et doyen de Saint-Sauveur de Blois. Il mourut le 30 novembre 1317.

Le sceau ogival (60 millimètres) que l'on conserve de ce prélat (1), et qui se trouve appendu à l'acte d'une vente faite par Simon au roi de France le 2 avril 1310, ne porte malheureusement pas d'armoiries. Son type est semblable à celui des derniers sceaux que nous avons décrits. Sur un champ guilloché, un évêque debout, vu de face, mitré, crossé, bénissant, et accosté de deux fleurs de lys :... SYMONIS... MELDEN. (*Sigillum Symonis Dei gratia episcopi Meldensis*). Au contresceau, le martyre de saint Étienne : ✝ CONTRAS. EPI. MELDENSIS. (*Contrasigillum episcopi Meldensis.*)

Philippe-le-Bel l'avait fait son trésorier, et la reine Jeanne, fille et héritière de Henri III, dernier comte de Champagne et roi de Navarre, qui doit être considérée comme la bienfaitrice de l'Église de Meaux, le nomma son exécuteur testamentaire. C'est en cette qualité qu'il posa la première pierre du collège de Navarre, à Paris.

Des occupations d'un genre tout différent étaient réservées à ce prélat qui fut mandé, lors de la convocation du ban et arrière-ban par le roi Philippe le Long, *aux octaves de la Penthecoste seconde fois, lequel il commande en tierce semonce de cette saint Iehan prochaine l'an 1317, avec ceux qui tiennent le bail de la comté de Dammartin* (2).

76. GUILLAUME DE BROSSE, 1318, *d'azur à trois gerbes ou*

(1) Arch.   de l'Empire. J. 158, n° 8.
(2) LA ROQUE, page 171.

brosses d'or liées de gueules (1), fils de Roger de Brosse, seigneur de Sainte-Sévère et de Boussac, qui accompagna le roi saint Louis au voyage d'outre-mer, en 1248, puis au siége de Tunis, en 1270, et de Marguerite de Déols.

D'abord évêque du Puy, il passa ensuite à Meaux, de là à l'archevêché de Bourges, et enfin à celui de Sens. Dès 1318, il fut député par le Roi pour demander des sûretés relativement à la paix de Flandre.

Il existe (2), appen lu à une charte de 1320, un sceau de ce prélat, d'un beau travail, divisé en trois parties : à la niche supérieure est placée la sainte Vierge ; le martyre de saint Etienne occupe le milieu ; au bas est un évêque à genoux : ...ELDEN... (*Meldensis*).

C'est à tort que T. Duplessis (liv. III, p. 256) prétend que la maison de Brosse, originaire de Bretagne, connue depuis Géraud, vicomte de Brosse, vivant en 1136, est issue des anciens vicomtes de Limoges.

Ce qui a donné lieu à cette erreur, c'est sans doute le mariage de Jean de Brosse avec Nicole de Blois, vicomtesse de Limoges ; mais cette alliance ne se fit qu'en 1427, c'est-à-dire un siècle après l'élection de notre évêque, qui mourut au château de Naillac le 15 décembre 1338.

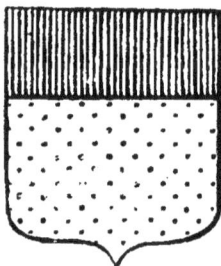

77. PIERRE DE MOUSSY, 1321 ; selon nous, de la maison d'Aunoy : *d'or au chef de gueules*, laquelle possédait alors la terre de

---

(1) Ces armoiries se trouvent ainsi gravées sur son tombeau dans la cathédrale de Sens.

(2) Archives de l'Empire. J. 564, n° 1.

Moussy, qui ne passa que plus tard aux Bouteiller de Senlis (1). Peut-être, alors, ce prélat était-il fils de Pierre d'Aunoy, seigneur de Moussy-le-Neuf, chevalier, sénéchal de Dammartin, dont la femme se nommait Marguerite (2). Eudes d'Aunoy vivait en 1132.

Philippe d'Aunoy ayant épousé Agnès de Montmorency, ses descendants, pour perpétuer le souvenir de cette alliance, placèrent les armes de cette illustre famille sur un franc canton, dans leur écu.

La Chesnaye-des-Bois, dans son *Dictionnaire généalogique*, se contente de dire : Moussy, *d'or au chef de gueules, chargé d'un lion passant d'argent* ; mais, sans autre indication. Cela suffit pour nous confirmer dans la pensée que la maison d'Aunoy était connue sous le nom de Moussy, et que l'évêque Pierre en faisait partie.

78. Durand de Saint-Pourçain, 1326 ; *écu chargé de trois cloches, posées deux et une*, ainsi qu'il était gravé sur son tombeau, placé près du grand autel de la cathédrale de Meaux. Né à Saint-Pourçain, en Auvergne, il commença par être évêque du Puy en Vélay.

L'on a de ce saint prélat un traité de théologie sur les quatre livres des Sentences, ouvrage auquel il consacra presque toute son existence. L'évêque Durand de Saint-Pourçain mourut le 10 septembre 1334.

(1) *Essais historiques du département de Seine-et-Marne.*
(2) *Histoire généalogique de la Maison de France* ; Père Anselme, t. VIII, p. 882.

79. Jean de Meulant, 1335 ; *de sable au lion d'argent, la queue fourchue et passée en sautoir ;* tel qu'il est représenté sur son sceau comme archevêque de Paris, frère et héritier de Guillaume de Meulant, qui avait épousé Isabelle de Trie , ainsi que le dit l'historien de l'Eglise de Meaux (1) ; et sans contredit, alors, fils de Valeran de Meulant, seigneur de la Queue, de Reubourg, de Gournay, etc. et de Jeanne de Bouville, dame de Milly, en Gâtinais, vivant en 1329. Ce Valeran descendait, au sixième degré, d'un chevalier appelé Roger qui porta le surnom de *Veulles* et succéda à son frère Robert dans toutes ses seigneuries. C'est de lui que la ville de Beaumont, au diocèse d'Evreux, a pris la dénomination de Beaumont-le-Roger. Il se signala à la conquête d'Angleterre et fit partie du conseil de la reine Mathilde durant l'absence de Guillaume le Conquérant. Roger avait épousé Adeline, fille du comte Valeran de Meulant, auquel il donna des successeurs.

L'on peut s'étonner que Toussaint Duplessis ne pouvant, dit-il (2), préciser ni le jour ni l'année de la mort de Jean de Meulant, n'ait pas eu la pensée que ce prélat pouvait être celui du même nom qui devint évêque de Noyon et mourut évêque de Paris, en 1363. La Roque, dans son *Traité des bans et arrière-bans,* le dit positivement (3): « Ainsi Jean de Meulant estant évesque de Meaux, et puis de Noïon et de Paris, se trouva l'an 1339 et 1340 avec Philippes roy de Navarre, comte d'Evreux, dans les armées royales de France, qui estoient en Flandres devant Vi-

(1) Toussaint Duplessis, t. 1er, page 258.
(2) Ibid.
(3) Page 17.

roufosse et devant Bovines. Ce prélat estoit accompagné de deux chevaliers Bacheliers et de six escuyers, servant le roy Philippes de Valois à ses dépens, en la bataille et dans le camp du duc de Normandie pour rendre le service personnel qu'il devoit à l'Estat, à cause de ses fiefs et seigneuries. »

Les registres de la chambre des comptes de Paris en font foi. L'évêque Jean prouva même, dit-on, par son courage à la bataille de Saint-Omer (1), qu'il n'était pas indigne des comtes de Meulant, célèbres parmi les guerriers de Normandie.

Voici la *semonce* royale qu'il avait reçue comme tous les autres prélats du royaume (2) :

Philippes, par la grâce de Dieu, roy de France. A nostre amé et féal l'évesque de Meaux, salut et dilection. Pour ce que nous devons avoir à faire contre plusieurs qui se sont efforciez et s'efforcent à leur pouoir de porter dommage à nous et à nostre royaume et à nos subgiez, nous avons fait nostre semonce de genz d'armes pour estre avec nous à Amiens à la mi-quaresme prochain venant. Si vous prions, requerons et mandons sur la foy et la loiauté, en quoi vous estes tenu à nous et à la couronne de France, que pour la deffence de nostre dit Royaume vous soiez avec nous aus diz jour et lieu en chevaux et armes si efforciement comme vous pourrez, et ce ne lessés nullement, et se entre ci et lors nous sentions aucune chose par quoi nous vous deussions plustost mander, nous le vous ferions savoir si à point que vous y pourriez venir et estre à temps. Donné au bois de Vincennes le xii° jour de Ianvier, l'an de grâce mil ccc trente et sept.

Et est ainsi signé :

Par le Roy,

Ja. DE BOULAY.

80. PHILIPPE DE VITRY, *d'or à trois boutons de rose de gueules.* Nous pensions pouvoir donner ces armes, qui sont celles des Vitry de Picardie, à l'évêque Philippe ; mais l'intéressante notice publiée sur ce prélat, par un de nos savants bibliophiles (3),

(1) Ms. de Pierre Janvier.
(2) La Roque, *Anciens Rolles des Bans et arrière-bans,* page 181.
(3) M. Paulin Paris, membre de l'Institut.

nous arrête en nous montrant l'impossibilité de rattacher positivement notre évêque à l'une des nombreuses familles qui portent le nom de Vitry en France.

Quoi qu'il en soit, poète et compositeur de musique, il mit, d'après les ordres de la reine Jeanne de Bourbon, femme de Charles V, les *Métamorphoses* d'Ovide en vers.

C'est sous son épiscopat que fut fondé, par un bourgeois de *bonne souche* (1) appelé *Jean Rose*, l'hôpital de Meaux, qui longtemps porta son nom (1356). On voit encore les armes de ce généreux personnage, *d'azur à trois roses d'argent*, sculptées en plusieurs endroits au séminaire actuel de Meaux, et peintes à fresque dans une des chapelles de la cathédrale, celle dite du Saint-Sacrement qu'il avait fondée en 1331, et où a été placé son tombeau.

Après la funeste bataille de Poitiers, le beau royaume de France eut longtemps à souffrir de la faiblesse qui suit toujours une défaite ; aussi, ce découragement fut-il le signal de la rébellion, et la ville de Meaux devint-elle le théâtre d'une scène de la *Jacquerie*. Marcel, prévôt des marchands, ayant lâchement livré Paris aux Anglais, le Dauphin, pour aller reprendre sa capitale, quitta Meaux où il s'était réfugié ainsi que plus de trois cents dames et demoiselles de qualité, parmi lesquelles se trouvaient la princesse sa femme, sa sœur Isabeau, les duchesses de Normandie et d'Orléans.

Les *Jacquiers*, ne renonçant pas facilement à une pareille proie,

(1) Ms. de Lenfant ; Pierre Janvier dit qu'il était cousin de l'évêque Guillaume de Dormans.

et comptant sur l'appui du maire Jacques Soulas, vinrent au nombre de neuf mille pour les poursuivre jusque dans Meaux; mais, après le plus sanglant combat, ils furent repoussés (juin 1358) par quelques seigneurs qu'y avait laissés le jeune Dauphin.

Cette victoire, hélas! fut suivie d'un inexorable châtiment, qui n'atteignit pas que les coupables répandus dans Meaux; car, à l'exception de la cathédrale, la ville entière fut saccagée et la plupart des maisons brûlées.

Philippe de Vitry survécut à tous ces malheurs, sa mort n'ayant eu lieu qu'en 1360.

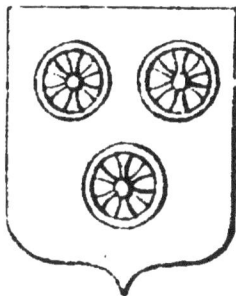

81. JEAN ROUHIER, 1360. *Ecu chargé de trois roues, posées 2 et 1 (1),* ainsi qu'il se voit sur son sceau au bas d'une quit-

(1) Dans son intéressant et bienveillant rapport présenté à la société d'Agriculture, Sciences et Arts de Meaux, sur la première édition de cette notice héraldique (Publications de 1854 à 1858), M. l'abbé Denis dit, page 218 : « Une remarque curieuse que je m'empresse de signaler, c'est que M. de Longpérier a rétabli le nom de Jean Rouyer jusqu'ici défiguré par les différents historiens.

Cette restitution et la désignation des armoiries que portait cet évêque, dont l'origine n'est pas autrement connue, pourraient nous induire à croire qu'il appartenait à la famille des ancêtres de Bossuet. Dans un vieux cartulaire de la ville de Seurre, commencé en 1357, est mentionné un Jacques Boussuet nommé aussi Rouyer, qui fut reçu en 1460 bourgeois de cette ville.

Il portait pour armes trois roues. Il est reconnu authentiquement que ce Jacques était un des ancêtres de Bossuet; or, l'évêque de Meaux, de 1360 à 1378, portait également le même nom et les mêmes armes. »

tance, donnée comme trésorier général des aides ordonnées pour la délivrance du roi Jean, le 3 juillet 1364 (1); charge qui lui rapportait par an mille francs d'or.

Ce joli petit sceau de 27 millimètres est elliptique et représente un écu pointu chargé des *armes parlantes* aux trois *roues* de Jehan *Rouhier*, accosté de deux palmes et surmonté d'un évêque vu à mi-corps, crossé, mitré et bénissant... IOH'IS DEI GRA.... C... MELD... (*Sigillum Johannis Dei gratia episcopi Meldensis*).

Dans le même recueil de pièces originales on trouve encore deux autres chartes souscrites par notre Évêque. La première datée de Rouen, 2 janvier 1361, est un ordre donné à Johan Dorléans, receveur général pour tout le duché de Normandie, de *bailler et délivrer à noble homme mons. Bertram de Glesqun* (Du Guesclin), *chevalier et conseiller du Roy, la somme de quatre mil royaulx dor à luy deus pour don à luy fait par notre dit Seigneur.* La seconde charte est ainsi conçue : *Johan par la permission divine évesque de Meaulx conseiller du Roy nostre sire, de Mons. le duc de Normandie Dalphin de Viennois et commissaire en ceste partie à nostre amé Joh. Dorléans receveur général en Normandie sur le fait des subsides ordonez pour la délivrance de nostre dit Seigneur Salut.*

Nous vous mandons et estroitement témoingnons que, à mestre Pierre de Vernon conseiller du Roy nostre dit Seigneur et Guillaume Cassinel, sergent d'armes de ce dit Seigneur, vous bailliés et délivriés la somme de dix livres parisis sur ce qui leur peut estre du pour leur despens par eulx fais alans, venans et retournans avec les sergents d'armes du Roy d'Angleterre pour faire vuidier les fors occuppés par les Anglois en royaume de France... Donné à Rouen souz nostre scel le 2e jour de Février l'an de grâce mil trois cens soixante et ung.

(1) Cabinet des manuscrits de la Bibliothèque impériale. *Tiltres originaux scellez*; *Eveschez*, Vol., 8, M. n° 20,885.
Une charte de 1361 contient l'autorisation accordée par le roi Jean aux chanoines, de faire construire autour de la cathédrale des petites maisons (celles que l'on s'est efforcé avec raison de faire disparaitre) destinées, disent les lettres royales, à préserver les piliers de l'église des immondices qui, sans cela, les dégraderaient. (Cabinet de M. Dassy.)

Le chevaleresque et malheureux monarque, qui l'avait nommé son aumônier, lui faisait souvent l'honneur de le visiter à Germigny, où Jean Rouhier avait fait réédifier le château des évêques de Meaux.

C'est même en ce lieu, très-favorable au plaisir de la chasse qu'aimait passionnément le roi Jean, qu'il donna le duché de Bourgogne (1363) à son quatrième fils Philippe-le-Hardi, apanage qui fut plus tard fatal au repos du royaume, et que les rois de France ses successeurs payèrent bien cher.

L'évêque Jean Rouhier cessa d'exister le 5 juillet 1378.

82. GUILLAUME DE DORMANS, 1378. D'*azur à trois têtes de léopard d'or lampassées de gueules*, ainsi que les représente son sceau suspendu au bas d'une quittance de la somme de mille francs d'or, à lui donnée, à titre de gratification, par le roi Charles VI. Cette pièce originale, datée du 6 août 1390, est signée G. *Dormans*, c'est-à-dire du nom de famille de l'évêque de Meaux (1), fils de Guillaume de Dormans, chancelier de France, et de Jeanne Baude, dame de Silly. Il était seigneur de Dormans, de Lizy, de Montceaux, de Gaussainville, du Plessis-l'Évêque et de Damery. Ce prélat assista en 1380 au conseil où il fut décidé que le roi Charles VI, malgré son bas âge, serait sacré et gouvernerait ses États par lui-même. Enfin, en 1390, Guillaume de Dormans obtint l'archevêché de Sens.

(1) Cabinet de manuscrits de la bibliothèque Impériale ; *Tittres originaux scellez* ; *Ereschez.* Vol. 8.

Mais avant ce changement de siége, le Roi, appréciant sans doute les éminentes qualités de notre évêque, cherchait à les utiliser pour le bien de l'Etat. C'est ce que viennent prouver les lettres originales données à Saint-Germain-en-Laye, le 11 avril 1390 (1). « *Comme il est nécessaire,* dit le Roi, s'adressant aux généraux conseillers sur le fait des aides ordonnées pour la guerre, *que nostre amé et féal Guillaume de Dormans, évesque de Meaulx, nostre conseiller général sur le dit fait, chevauche et aille souvantes fois hors de notre ville de Paris, luy avons donné et donnons par les présentes, oultre et par dessus les gaiges ou pension qu'il prent sur nous, la somme de dix francs d'or par chacun jour qu'il chevauchera et vaquera es faits dessus dits.* » Puis, il est bien spécifié que ces dix francs d'or lui seront remis « *pour tant de jours qu'il affermera y avoir vacqué.* »

Une *quittance* de trois cent cinquante francs pour deux voyages, se montant à trente-cinq jours, montre que la volonté royale fut loyalement exécutée ; car elle est donnée par Guillaume de Dormans, *soubz son scel et saing manuel le VIe jour daoust mil trois cens IIII vings et dix* (2).

Guillaume de Dormans qui donna le baptême à Charles de France, duc de Guyenne, dauphin de Viennois, fils du roi Charles VI, et assista en 1392 à la translation solennelle du corps de saint Louis, fit son testament le 30 mai 1404 et mourut le 3 octobre 1405. On l'enterra dans la chapelle du collège de Dormans dit de Beauvais, à Paris, fondé par son oncle. Le frère de ce prélat, avant d'être évêque d'Angers, de Bayeux, puis de Beauvais, était archidiacre de Meaux en 1369.

Le père Anselme (3) donne pour auteur à la maison de Dormans Jean de Dormans, procureur au parlement de Paris en 1347, marié à Antoinette d'Escot, dont Jean de Dormans, évêque comte de Beauvais, cardinal et chancelier de France, et Guillaume, seigneur de Dormans et de Silly, aussi chancelier, père de l'évêque de Meaux.

(1, 2) Cabinet de manuscrits de la Bibliothèque Impériale ; *Tiltres originaux scellez; Eveschez.* Vol. 8.
(3) *Histoire généalogique de la maison de France,* tome VI, page 333.

83. Pierre Fresnel, 1390. *Écu chargé d'une bande accompagnée en chef d'une étoile*, comme le porte son sceau plaqué au bas d'un traité de mariage, entre Isabelle de France et le fils du duc d'Alençon, 15 décembre 1391 (1).

Ce sceau orbiculaire de 29 millimètres, en cire rouge, est fort beau. Dans la niche principale un habile graveur a représenté le martyre de saint Étienne ; au-dessous, on voit un évêque en prière, la crosse en main, ayant à sénestre un écu aux armes des Fresnel (2) et à dextre un écu de même dimension écartelé d'une crosse et d'un chandelier; la crosse, ici, remplaçant la fleur de lys qui fait partie des armes du chapitre de Meaux également écartelées d'une chandelier. Peut-être sont-ce celles de l'évêché.

Ces armoiries capitulaires subsistent encore dans la cathédrale de Meaux. Elles sont sculptées à la clef de voûte de la troisième travée de la nef, et peintes sur un vitrail de la seconde chapelle, au nord de ladite nef.

(1) **Archives de l'Empire, J. 227, n. 92.**

(2) On conserve aussi, aux manuscrits de la Bibliothèque Impériale, une charte du frère de l'évêque Pierre, où il est qualifié de

Ici l'on en voit les couleurs : aux premier et quatrième quartiers, d'azur à la fleur de lys d'or ; aux deuxième et troisième, de gueules au chandelier d'église aussi d'or, posé en pal. Un amateur meldois que tous les numismatistes regrettent sincèrement, M. Lefèvre, a donné la description de deux variétés de méreaux, en plomb, que l'on distribuait à Complies (1) et qui représentent également les pièces dont se composait l'écu du chapitre (2) : ☩ S. STEPHANVS MELDENSIS. Dans le champ, l'indice de valeur II, accosté de trois points en forme de losange, entre deux barres. Rose dessus et dessous.

Revers : Saint Etienne debout, vu de face, la tête nimbée. Il tient de la main droite une palme et de la gauche un livre. Dans le champ un *flambeau* et une *fleur de lys*, accompagnés de cinq petites croix et d'une étoile ; trois à droite, deux à gauche.

La naissance distinguée de l'évêque Pierre Fresnel, aussi bien que sa rare prudence, lui fit prendre une part active dans

chevalier. Son sceau représente le même écu chargé d'une bande et d'une étoile.

Robertus et *Tassinus Fresnel* figurent sur la convocation des bans et arrière-bans de 1272 et 1296 (La Roque).

(1) Revue numismatique, année 1864, page 134.

(2) L'ancien Chapitre de la cathédrale de Meaux était composé de six dignités et de trente-huit canonicats. Les dignitaires portaient le titre de Doyen, Grand-Archidiacre, Archidiacre de Brie, Chantre, Trésorier et Chancelier. Il y avait encore dans l'Eglise de Meaux dix grands Chapelains, institués en 1236, et ainsi nommés parce qu'ils avaient le droit de chanter la Messe au grand Autel. Ils étaient obligés d'être prêtres et de savoir la musique ; de hautes stalles dans le chœur leur étaient réservées. Aux chapitres généraux devait se trouver tout ce qui composait le clergé de la cathédrale jusqu'aux chantres et enfants de chœur. Les chanoines de Saint-Saintin étaient aussi obligés de s'y rendre, ainsi que les curés des paroisses soumises immédiatement au Chapitre de la cathédrale, seigneur temporel de Crécy, Barcy, Marcilly, Gèvres, Fublaines, Armentières, Boutigny, Changy et Ségy.

Le Chapitre de Saint-Saintin avait douze prébendes à la collation du Chapitre de la cathédrale ; son église était d'abord un simple oratoire qui fut élevé sur le tombeau du saint évêque par lequel commence notre chronologie épiscopale. Plus tard, la piété des fidèles les conduisit à donner des revenus suffisants pour en faire une abbaye dont Vaudelmar fut le seul abbé ; mais depuis le neuvième siècle (épiscopat d'Hubert), ce n'était plus qu'une simple église collégiale et paroissiale.

les affaires de l'Etat. D'abord, il assista à l'assemblée convoquée par Charles VI pour l'extinction du schisme d'Avignon ; il prit ensuite possession de la ville de Gênes au nom du Roi, le 18 mars 1397, de concert avec Waleran de Luxembourg (1); puis, tandis que Waleran s'éloignait de la Ligurie, effrayé par les ravages de la peste, laissant la direction des affaires à son neveu Borlée de Luxembourg et à l'évêque de Meaux, celui-ci garda fidèlement le poste périlleux qu'il avait accepté.

Les chroniqueurs du temps parlent alors en effet de la conduite habile et courageuse de l'excellent *Vescovo di Meaux*, dans des termes si élogieux que, de nos jours encore, à Gênes, à Savone, son nom doit toujours être en vénération.

En 1404, il fut présent au traité d'alliance passé entre Charles VI et le prince de Galles ; l'année suivante, il reçut des mains de Louis de Poitiers le duché de Valentinois, au nom du Roi et du Dauphin ; en 1407, il était ambassadeur auprès du pape Benoit XIII ; deux ans plus tard, il assista au concile de Pise ; enfin il obtint l'évêché de Noyon (1409), d'où on le fit passer à celui de Lisieux en 1415.

Subissant aussi les malheurs de la guerre, il fut, malgré son saint caractère, retenu prisonnier au château du Crétoy pendant près d'un an, par Antoine de Crouy, du parti Bourguignon, et ce ne fut qu'après avoir payé une rançon considérable que notre prélat put recouvrer sa liberté (2).

Plusieurs chartes originales, conservées au Cabinet des manuscrits de la Bibliothèque Impériale, renferment d'intéressants détails sur l'existence de cet évêque : 1° Une quittance, signée *Fresnel*, à maître Jacques Hémon, receveur général des aides ordonnées pour la guerre, de la somme de 540 francs *pour mes gaiges de six sepmaines de 12 frans dor par jour à moy tauxés et ordonnés pour certain voiaige à moy ordonné de faire es parties de Bretaigne,* dit-il. *Ceste présente quittance signée de mon saing manuel et signée de mon signet, à Paris,* 18 décembre 1390; 2° un autre reçu de 360 francs d'or pour le voyage d'Orléans, de Tours et d'ailleurs ; pièce du 12 janvier 1391, scellée d'un sceau pareil à celui

_____

(1) Toussaint-Duplessis, t. 1er, page 285 ; Agost. Giustiniano, *Castigatiss. annali della Republica di Genova*, 1537, lib. V ; etc.
(2) Ms. de Pierre Janvier.

que nous avons déjà décrit et où l'on peut lire encore :
CRETUM MELDENS EPI (*Sigillum secretum Meldensis episcopi*).

3° Charte, du 23 avril 1391, par laquelle le Roi de France
(Charles VI) fixe les gages de l'évêque de Meaux à 12 francs
d'or par jour; ceux du vicomte d'Acy (Jean-de-la-Personne), à
10 francs, et ceux de maître Etienne de Givry, à 4 francs, pendant leur voyage en Bretagne. Suivent les trois reçus donnés
par les intéressés : le premier de 360 francs, le second de 300
et le troisième de six vingt francs, le tout pour un mois.

4° Autre quittance de 972 francs d'or pour la fin d'un compte
de voyage à Orléans, en compagnie du Roi et de son conseil, au
mois de mai 1401.

5° Enfin un dernier reçu donné à Guillaume Gombaut, vicomte de Beaumont-le-Roger, de la somme de cent livres tournois due à l'évêque de Meaux sur ladite vicomté ; 1° *jour
d'Avril* 1404, *après Pasques, signé Fresnel.*

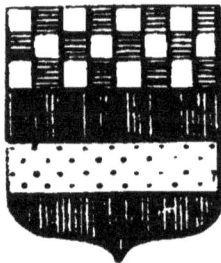

84. JEAN DE SAINTS, 1409 ; *de gueules* à *la fasce d'or, au chef
échiqueté d'argent et d'azur de deux traits* (1). Ce prélat, originaire de Picardie, descendait selon toute apparence de Jean de
Saints, chevalier, qui épousa Alix de Marigny, sœur d'Enguerrand de Marigny, comte de Longueville, grand chambellan de
France, et de Jean de Marigny, évêque de Beauvais, en 1312,
puis chancelier de France.

(1) *Tableaux généalogiques* par le Laboureur, Paris 1683. Le
maréchal d'Espinay-Saint-Luc, au deuxième quartier, dans ses
armes, portait celles de Sains en mémoire du mariage de Robert des
Hayes, dit d'Espinay, et de Catherine de Sains, contracté en 1510
(Père Anselme, tome VII, p. 471. *Maréchaux de France*).

Cette alliance explique la qualification de seigneur de Marigny que prenaient Valeran de Sains, échanson du Roi, bailli
et capitaine de Senlis, marié à Jacqueline de Rouvroy-Saint-
Simon en 1499, et Jean de Sains, panetier du Roi en 1507,
dont parle D. Toussaint Duplessis, à l'occasion de l'évêque de
Meaux, Jean de Sains ou de Saints, après avoir cité un autre
Jean de Saints, échanson du roi Louis XII.

Ce prélat fit son entrée le 27 novembre, et se fit porter par
ses vassaux depuis Saint-Père de Cornillon (l'une des extrémités
de la ville de Meaux) jusqu'à la cathédrale.

Les mémoires de l'Église de Meaux rapportent (1) qu'il emprunta en cette occasion un drap de soie aux chanoines, pour
parer la chaise sur laquelle il devait être élevé, et qu'il s'obligea
sous caution à le leur rendre, tant le Chapitre avait la crainte
que les vassaux ne voulussent le garder, comme c'était leur
droit en pareille circonstance.

Jean de Saints, alors qu'il n'était encore que chanoine de
Meaux, assistait au concile de Pise aussi bien que son prédécesseur. — Il mourut le 20 septembre 1418.

Guillaume de Sains faisait partie de la quatrième croisade (2)
(1195 à 1198). Parmi les chevaliers, écuyers et autres soldés
dans l'armée de Gascogne en 1296, figure Anselme de Sayns
comme ayant reçu 22 livres 10 sols, ainsi qu'on peut le voir à
la suite de l'extrait d'un compte inséré par La Roque dans son
Traité du Ban et arrière-ban.

85. ROBERT DE GIRÊME, 1418; *d'or à la croix ancrée de sable*,
écu qui se voit encore sur la tour de l'église de May, près de

(1) T. Duplessis, livre III, page 285.
(2) Geoffroy de Villehardouin.

Lizy, village dont les Girème étaient seigneurs. Renaud de Girème, chevalier de Rhodes en 1393, devint grand-prieur de France.

C'est sous l'épiscopat de Robert que la ville de Meaux fut prise par les Anglais (1420), malgré les vaillants efforts de ses fidèles habitants, parmi lesquels se distingua Philippe de Gamaches, un peu plus tard abbé de Saint-Faron.

La reine Marie d'Anjou, femme de Charles VII, étant à Meaux, y accoucha de deux jumelles, Jeanne et Catherine de France, au grand marché qui était alors le quartier de la noblesse.

Les Anglais s'étant rendus maîtres une seconde fois de la ville de Meaux, l'évêque Robert fut emmené à Londres comme prisonnier, mais du moins on l'y traita avec tous les égards dus à son rang et à son noble caractère. Il mourut en 1426, et fut, dit-on, enterré dans sa cathédrale.

A l'intérieur de ce beau monument, l'écu pointu placé au-dessus de la petite porte Maugarni ne représenterait-il pas les armoiries de l'évêque Robert de Girème? Aux 1er et 4e quartiers, c'est-à-dire aux quartiers où toujours se trouvent les armes paternelles, l'on reconnaît parfaitement la croix ancrée des Girème ; les 2e et 3e quartiers chargés de 3 poissons rangés en pal, qui sont seulement des armes d'alliance, rappelleraient alors les armes de la mère ou d'une aïeule de notre prélat. La difficulté serait de déterminer ainsi d'une façon absolue l'époque où la jolie porte Maugarni, actuellement murée, a été ornée des fines et élégantes sculptures qu'on y admire encore aujourd'hui, si, pour ne pas faire remonter au xve siècle le style architectural des ornements de cette ancienne entrée, qui, suivant Mgr l'évêque de Meaux (1), peut aussi bien appartenir à ce siècle qu'au seizième, il était interdit de penser qu'on a pu mettre là les armes en question quelque temps après la mort de Robert de Girème, arrivée en 1426, comme souvenir de son épiscopat, ou, ce qui serait plus conforme aux usages de tous les temps, pour indiquer que c'est à la générosité d'un autre membre de la famille de Girème, attaché par un titre

(1) Notice sur la cathédrale, page 39.

quelconque à l'Église de Meaux, qu'on doit ce remarquable objet d'art.

86. JEAN DE BRIOU, 1426 ; *d'azur à la bande d'or accompagnée de deux étoiles de même.* Ce prélat, docteur en théologie, d'une famille originaire de l'Ile-de-France, fit son entrée publique à Meaux au mois d'août 1426. Trois ans après sa prise de possession, il assista au concile de la province de Sens, tenu au collége des Bernardins ; puis il s'occupa de réformes dans l'inté-rieur de son chapitre.

Jean de Briou mourut en 1435, après avoir été conservateur apostolique des priviléges de l'Université de Paris.

Claude de Briou, baron de Survilliers, seigneur de la Pierre, conseiller au Parlement de Paris en 1618, puis président en la cour des Aides de Paris, en 1641, épousa Anne Dorieu, fille d'un président à la même cour, dont il eut Geneviève, sœur du marquis de Survilliers, mort sans postérité, et par suite la dernière du nom de Briou. Elle s'unit en 1630 à Nicolas-Gilles de Costantin, seigneur de Coutainville, de la maison du maréchal de Tourville. Sans doute, le Président de Briou, descendant de Jean de Briou (1), qui épousa Denise Morin, vers la fin du XIVᵉ siècle, appartenait à la famille de l'évêque de Meaux. Peut-être ce dernier était-il le frère ou plutôt le fils de ce Jean de Briou, en raison de leur même nom de baptême?

(1) Cabinet des titres aux Manuscrits de la Bibliothèque Impériale.

87. PASQUIER DE VAUX, 1435; *écu chargé d'un chevron accompagné de trois trèfles,* tel qu'il existe sur son sceau appendu au bas d'une quittance où il prend le titre de conseiller du Roi et de président de la chambre des comptes de Rouen, le 2 octobre 1437 (1). Ce petit sceau de 18 millimètres a la forme d'un octogone allongé; il représente un écusson pointu, chargé des armoiries décrites, sans indication d'émaux, surmonté d'une crosse : S. PASQUERII EPIS. MELDENSIS.

Il résulte de cette pièce originale, signée *P. évesque de Meaulx,* que ledit prélat recevait d'abord six cents livres tournois par an pour les *gaiges* de son office de président; traitement porté un peu plus tard à mille livres, ainsi que vient le prouver un second reçu daté du 2 octobre 1439. Une troisième quittance, écrite le même jour que la première, constate que l'évêque Pasquier recevait en *oultre et pardessus ses gaiges de Président,* à titre de *pension de l'office de Conseiller, la somme de six ving trois livres six sols huit deniers tournois,* à lui due, sur celle de quatre cents livres que lui valait la dite charge.

Pasquier, soutenu par le roi d'Angleterre, avait pour compétiteur, élu comme lui évêque de Meaux, le 15 d'octobre, par une autre partie des chanoines, *Philippe de Rully,* fils d'un président au parlement de Paris, qui portait : *de sable à six coquilles d'argent posées* 3, 2 et 1 ; mais, à la faveur des Anglais, alors tout-puissants, Pasquier fit prendre possession de son siége par procureur, le 7 décembre 1435.

Prise et reprise par les Anglais, la ville de Meaux subit en

(1) Cabinet des Manuscrits de la Bibliothèque impériale. *Titres originaux scellez; Eveschez,* vol. 8, M. n° 20885.

ce triste temps toutes les alternatives de la guerre, jusqu'à l'époque où le connétable de Richemont (1439) s'en empara enfin au nom du roi de France; alors, l'évêque Pasquier suivit son patron le roi d'Angleterre, qui, après lui avoir fait occuper les siéges d'Evreux et de Lisieux, l'éleva à la dignité de chancelier.

La misère était si grande que, depuis 1428 jusqu'à 1456, les chanoines cessèrent de chanter l'office, en raison de leur extrême pauvreté (1). Que penser après cela de la position des autres prêtres, de la situation des églises et de leur état de désolation?

88. Pierre de Versailles, 1439; *d'azur à sept besants d'or posés 3, 3 et 1, au chef d'or chargé au canton dextre d'un lion de gueules;* peut-être de la maison de Melun dont ce sont les armes.

Car'ier, dans les pièces justificatives de son *Histoire du duché de Valois* (2), reproduit un acte passé devant Gilon de Versailles (*Gilo de Versellis, miles*), et Renaud de Béthizy (*Reginaldus de Bestisiaco*), Baillis royaux de Pierrefonds, entre les religieux de Saint-Corneille de Compiègne et les hommes de Verberie, touchant les droits de pâturage de ces derniers au bois d'Ajeux. Novembre 1211.

Gaignières, en donnant la copie d'une autre charte souscrite par les mêmes seigneurs, y ajoute la description du sceau de Gilon de Versailles qui représentait un écu à 7 besants et un chef chargé de trois losanges.

On trouve encore un Pierre et un Gilon de Versailles au nombre des chevaliers de la première et de la troisième croisade (3).

(1) *Histoire de l'Église de Meaux,* livre III, p. 292.
(2) Page CLXIJ.
(3) *Galeries historiques du palais de Versailles,* t. VI, 2e partie, p. 140.

L'évêque Pierre vint occuper le siége épiscopal de Meaux, tandis que la plupart des églises de ce diocèse, dévastées par la torche des différents partis qui écrasaient la France, étaient encore fumantes. Jouissant d'une réputation non contestée de savoir et d'habileté, il figura comme représentant de Louis III, roi de Sicile et de Jérusalem, au concile de Bâle (1431), assista au concile de Florence (1439) et devint légat du pape Eugène IV.

Le 10 décembre 1441, il eut l'honneur de remettre à ce pontife, en qualité d'ambassadeur extraordinaire du roi Charles VII, une remarquable adresse exprimant le désir de voir un nouveau concile œcuménique terminer enfin les difficultés que la Pragmatique Sanction ne parvenait guère à aplanir.

Le texte du discours latin prononcé, à cette occasion, par notre évêque se trouve reproduit dans Raynaldi.

Parlant au nom du Roi très-chrétien, Pierre de Versailles se montra digne de la grande et catholique nation dont il interprétait les sentiments; il s'acquitta noblement de sa mission; et les fidèles, comme le monarque, durent être contents de lui.

Ce prélat, qui avait d'abord été abbé de Saint-Martial de Limoges, puis évêque de Digne, mourut le 11 novembre 1446, et fut enterré dans la Cathédrale de Meaux, au coin du grand autel, du côté de l'Evangile.

89. JEAN LE MEUNIER, 1447; *écartelé aux 1er et 4e d'azur au lion d'argent, aux 2e et 3e d'or à un fer de moulin de sable;* originaire d'Amiens, abbé de Saint-Maur-des-Fossés et prieur de Saint-Eloi de Paris. Les suffrages s'étant partagés entre lui et Jean Aguenin (1), doyen de la cathédrale et conseiller au Parlement

(1) C'est à tort que Toussaint Du Plessis écrit *Hoguenin*, car on a les lettres d'anoblissement données à *Jean Aguenin* et à ses frères, le

de Paris, qui portait : *de gueules à trois chevrons d'or accompagnés de trois besants de même, au chef aussi d'or*, cette double élection fut cassée par l'officialité de Sens ; mais le roi Charle VII ayant écrit à Rome, pour appuyer les prétentions de l'abbé de Saint-Maur, il fut maintenu par le pape, en 1450, et le Roi assista lui-même à son sacre.

Jean le Meunier mourut le 22 juin 1458, et son corps fut déposé dans la cathédrale de Meaux, sous le banc de l'Aigle, où les enfants de chœur allaient chanter, tous les vendredis, à l'issue de la messe un *libera* de reconnaissance, en souvenir de ses bienfaits pour eux.

90. Jean du Drac, 1458 ; *d'or au dragon de sinople armé, lampassé et couronné de gueules ;* fils de Jean du Drac, originaire de Picardie, président au Parlement de Paris, en 1407, et de Jacqueline, vicomtesse d'Ay.

Ce Jean du Drac, seigneur châtelain de la Baillie-lès-Amiens et de Champagne-sur-Oise, était fils de Barthelemy du Drac, trésorier des guerres du roi Jean en 1350, et bisaïeul de Marguerite du Drac qui, en épousant Louis Anjorant, conseiller au

2 octobre 1402 ; puis cette famille, très-connue dans le diocèse de Paris, y possédait alors le château de Villevaudé, près de Claye, où l'on peut voir encore ses armoiries sculptées au-dessus de la porte d'entrée.

Là, par suite et sous condition du mariage de Pierre Aguenin, mort en 1433, avec Marguerite Le Duc, dame de Villevaudé, l'écu des Aguenin est écartelé aux 1er et 4e quartiers des armes de la famille Le Duc : *d'or à la bande de gueules chargée de trois ducs d'argent et accompagnée de deux cottices aussi de gueules.*

Parlement de Paris en 1519, lui apporta en dot la seigneurie de Claye

Adrien du Drac, comte d'Anuevoux, fut maréchal-de-camp en 1638.

On trouve de ce nom cinq chanoines-comtes de Brioude, de 1256 à 1338.

Jean du Drac, notre prélat, fit construire un château à Claye, seigneurie qui appartenait déjà à sa famille.

En 1460, il assista au concile de Sens, et devint conservateur des priviléges de l'Université de Paris.

Le calme semblant renaître avec la paix pour la pauvre France, l'on put commencer à réparer une partie des monuments détruits par la fureur des factions.

L'évêque de Meaux s'occupa particulièrement de sa cathédrale, et fit même élever très-haut la tour que l'on admire encore aujourd'hui.

Ce dernier monument, commencé vers l'an 1465, fut alors poussé jusqu'aux premières galeries, où paraît, dit Toussaint Du Plessis, « un *dragon* qui s'élève en pyramide. » Ce symbole héraldique de la maison du Drac se retrouve encore à l'un des piliers de la nef, où deux dragons grimpants viennent attester la part active que Jean du Drac a prise aux travaux de son église.

Ce prélat, mort en 1473, fut enterré dans la cathédrale de Meaux, sous les dalles de Notre-Dame-du-Chevet, appelée ordinairement chapelle de la Sainte-Vierge.

91. Tristan de Salazar, 1474 ; *écartelé aux 1er et 4e de gueules à cinq étoiles d'or en sautoir ; aux 2e et 3e d'or à cinq feuilles de sable posées de même en sautoir ;* né au château de Saint-Just, en

Champagne, fils de Jean de Salazar, gentilhomme originaire de
Biscaye, qui avait vaillamment combattu les Anglais, étant au
service de la France, et de Marguerite, fille naturelle de Georges
de La Trémoille, grand chambellan de France.

Ce prélat prit possession du siége de Meaux avant d'être sacré,
puis, en 1475, il obtint l'archevêché de Sens, où se voient ses
armoiries sur son tombeau.

Un parent de notre évêque, Alfonse de Salazar, découvrit, en
1523, l'île de Saint-Barthélemy, à 14 degrés de latitude nord et
environ 158 degrés de longitude à l'est de Paris (1).

92. LOUIS DE MELUN, 1475 ; *d'azur à sept besants d'or posés 3,
3 et 1, au chef d'or chargé d'un lion naissant de gueules ;* fils de
Jean de Melun, seigneur de La Borde, et de Nicole, dame de
Nantouillet.

D'abord élu archevêque par les chanoines de Sens, qui vou-
laient qu'il succédât à Louis de Melun, son oncle, ce prélat dut
se contenter d'occuper le siége de Meaux, Tristan de Salazar
lui ayant été préféré par Louis XI. Il fut néanmoins nommé aumônier de ce roi, charge qui ne l'empêchait pas d'habiter souvent
le château de Germigny, où il mourut de la peste, après un
épiscopat de huit ans, le 13 mai 1483.

« Anciennement, dit Mgr l'évêque de Meaux (2), le pourtour
du chœur et du sanctuaire de la cathédrale était orné d'une
suite de bas-reliefs de trois pieds de hauteur, représentant divers traits des actes des Apôtres et le martyre de saint

(1) *Voyage de Bougainville*, Discours préliminaire, tome 1er,
page xviij.
(2) *Notice historique et descriptive sur la cathédrale de Meaux*, p. 38.

Etienne. Ces ouvrages, exécutés sous Louis de Melun de 1474 à 1483, et qui rivalisaient peut-être avec ceux que nous admirons encore à Chartres et à Amiens, furent brisés par les Huguenots en 1562. Rochard dit positivement, dans son histoire manuscrite, que l'on vantait la *Ceinture de Meaux*. »

La maison de Melun, qui a fourni en grand nombre des personnages remarquables (on ne saurait oublier la gracieuse figure d'Anne de Melun, fille du prince d'Epinoy, morte en odeur de sainteté le 12 août 1679, et dont M. le vicomte de Melun (1) a retracé la vie d'une façon si intéressante), cette maison que le moine Robert, dans son histoire de la Terre-Sainte, prétend issue de race royale, a composé ses armoiries, dit le père Ménestrier (2), « en mémoire de la négociation d'Aurélien, qu'ils reconnaissent (sans doute les membres de la famille) pour chef de leur maison. » Mézeray (3), à propos du mariage de Clovis et de Clotilde, contracté vers la fin de l'an 491, ajoute effectivement qu'Aurélien, seigneur français, fut le médiateur de cette union, et que Clovis lui donna la comté de Melun en récompense de sa négociation.

Il est permis d'ajouter ici que si les besants (4) de la maison de Melun ont réellement été choisis comme emblème, pour rappeler l'épisode du mariage de sainte Clotilde, relatif aux trésors de Chilpéric son père : ils doivent être la plus ancienne expression de l'idée de perpétuer ainsi, en blason, le souvenir d'un fait, d'une action où l'argent joue un rôle important.

Jusqu'à l'époque de la formation des départements en France, une branche de cette antique famille (celle de la Borde) habitait le diocèse de Meaux ; mais la terre de Brumetz qu'elle

---

(1) *Mademoiselle de Melun*, Paris, veuve Poussielgue-Rusand.
(2) *Véritable art du Blason*, page 239.
(3) *Histoire de France*, Tome Ier, page 73.
(4) Le besant était primitivement une monnaie d'or des empereurs de Constantinople, prenant son nom de l'antique Byzance, comme le florin de Florence (LE BLANC, *Traité des Monnaies de France*, page 170). Par ce motif, le mot besant est mieux écrit *bezant* dans le cérémonial du sacre de nos rois, dressé par ordre de Louis-le-Jeune, où il est dit : « A l'offrande soit porté un pain, un baril d'argent plein de vin et treize *bezants* d'or. » (DU TIL' ET, *feuillet* 195.) A cette époque le nom de besant semblait être celui qu'on donnait à toute espèce de monnaie d'or.

possède encore, située entre Crouy et la Ferté-Milon, se trouvant annexée à l'évêché de Soissons, bien que n'ayant jamais changé de résidence depuis des siècles, les Melun, actuellement, n'appartiennent plus au siége si dignement occupé, jadis, par un de leurs ancêtres de vénérable mémoire.

93. JEAN L'HUILLIER, 1483 ; *d'ozur à trois coquilles d'or ;* fils de Guy l'Huillier, bailli de Melun; conseiller, confesseur et aumônier du roi, puis conservateur des priviléges de l'université de Paris. Il assista à la magnifique réception qui fut faite à Meaux au roi Louis XII, en 1489, et mourut le 21 septembre 1500.

Durant ses dix-sept années d'épiscopat, ce prélat fit preuve d'un zèle infatigable pour la construction de la cathédrale de Meaux. Au synode tenu le 19 septembre 1493, il accorda même quarante jours d'indulgence aux fidèles qui contribueraient à cette bonne œuvre, en recommandant de nouveau qu'on fit des quêtes afin d'en hâter l'exécution (1). Aussi ses armes, sculptées en pierre, ont-elles été placées sur le quatrième pilier du côté droit de la nef, où l'on peut les voir encore.

Dans son *Catalogue de tous les Conseillers du Parlement de Paris,* Blanchard mentionne un Jean Luillier parmi les conseillers reçus en 1391, puis, en indiquant les noms de plusieurs autres conseillers de la même famille, il ajoute que les sieurs d'Orgeval, maître des requêtes, et de Boulancourt, président de la Chambre des comptes, étaient issus de cette maison à laquelle il donne aussi un écu chargé de trois coquilles. Or, comme ce sont les armes que portait notre prélat, aucun doute n'est pos-

(1) *Notice sur la cathédrale de Meaux,* page 8 (1re édition).

sible sur la communauté d'origine qui existait entre sa famille et celle de ces magistrats, bien que Blanchard ait écrit leur nom sans H. L'on peut même penser que le conseiller Jean Luillier, très-certainement l'un des ancêtres de l'évêque de Meaux, était son bisaïeul.

Une branche de la famille l'Huillier posséda durant plus de deux siècles la terre de Chalendes, paroisse-de Saint-Siméon, canton de la Ferté-Gaucher. Le château, dont la situation dominait une belle vallée circulaire, bornée par le Grand-Morin, avait été reconstruit par un l'Huillier sous Henri IV. Il vient d'être démoli presque entièrement.

Chose digne de remarque : vers la fin du xvie siècle et pendant le xviie, les l'Huillier, seigneurs de Chalendes, furent peut-être les plus ardents partisans de la Réforme dans le diocèse de Meaux, et maintenant encore un certain nombre d'habitants des hameaux voisins de Chalendes professent toujours la religion protestante.

94. JEAN DE PIERREPONT, 1501 ; *d'azur au pont crenelé d'argent de trois arches, maçonné de sable ;* maître des requêtes, en 1491, abbé de Coulombs, au diocèse de Chartres, et prieur de Saint-Fiacre. Ce prélat, originaire du comté de Vimeu en Beauvoisis, fut inhumé dans le chœur de sa cathédrale, le 2 septembre 1510.

Avant d'être évêque, en qualité de Maitre des requêtes, il fut présent à l'hommage rendu le 22 juillet 1499, par Engelbert de Clèves, comte de Nevers, au nom du roi Louis XII, à André Pouppet, évêque de Chalon-sur-Saône, *de ce que sa Majesté*, dit Blanchard, *tenait en fief dudit évêque en ladite ville de Chalon*, signa l'acte de cette prestation, et assista aussi à l'ouverture du Parlement, qui eut lieu le 12 novembre 1500.

L'on conserve, appendu à des lettres de provision de la cure de Forfry (1), données par Jean de Pierrepont, le 23 février 1508, un sceau orbiculaire en cire rouge de 45 millimètres, dont la partie supérieure est divisée en deux niches gothiques ;. la première, à dextre, est occupée par une Vierge à l'Enfant, la seconde par un saint Etienne debout, tenant une palme ; au bas, sous la madone, est un écu chargé d'un pont crénelé à trois arches, et surmonté d'une crosse accostée d'un A et d'un M (*Ave Maria*); sous le patron, un évêque, tête nue, en prière, sans contre-sceau : S' IO.... NIS DE PETRAPONT.... MELDE]N. (*Sigillum Johannis de Petraponte episcopi Meldensis.*)

Geoffroy, Renaud et Robert de Pierrepont, chevaliers, accomgnèrent Guillaume de Normandie à la conquête d'Angleterre en 1066 (2). L'un deux s'établit dans la province de Nottingham où la branche qu'il y forma obtint dans la suite les titres de duc de Kingston, marquis de Dorchester, comte de Mansvers, etc. Sir Simon Pierrepont fut appelé à siéger au parlement sous le roi Edouard II, en 1316 (3).

Robert de Pierrepont prit part à la troisième Croisade (1185 à 1195). Un héritier ou représentant de Pierrepont (*Heres de Petripontis*) figure sur l'état présenté, en 1214, au ʀ. Philippe Auguste parmi les chevaliers portant bannièr de Coucy (*Cuciacum*) (4).

95. Louis Pinelle, 1510; écu *chargé de trois merlettes*, tel qu'il était sculpté au cul-de-lampe d'une tourelle hors d'œuvre, sur un des côtés du cloître des chanoines (5). Ce prélat ne prit

(1) Cabinet de M. Dassy, à Meaux.
(2) Magny, *Nobiliaire de Normandie*, t. II, page 175.
(3) Debrett, *Peerage of Geat Britain*, 1820, p. 346.
(4) La Roque, *Rolles de plusieurs anciens bans et arrière-bans*, p. 15.
(5) Toussaint Du Plessis, livre III, ·. 296.

possession qu'en vertu d'une sentence de l'archevêque de Sens, parce que l'élection, où il avait obtenu seulement dix voix, et son compétiteur Jean de Place, seize, fut déclarée défectueuse.

D'abord grand-maître du collége de Navarre, muni de pouvoirs spéciaux par le cardinal d'Amboise, il s'occupa de la réforme de plusieurs monastères, puis, une fois revêtu de la dignité épiscopale, Louis Pinelle en exerça toujours très-dignement les fonctions.

Son corps repose dans le chœur de la cathédrale de Meaux, depuis le 2 janvier 1516.

Guillaume Pinel figure sur l'état dressé en 1470, de la monstre des nobles de la vicomté de Caudebec.

96. GUILLAUME BRIÇONNET, 1516; *d'azur à la bande componée d'or et de gueules, le deuxième compon chargé d'une étoile d'or, et accompagnée en chef d'une autre étoile de même,* fils de Raoulette de Beaulne et de Guillaume Briçonnet, qui embrassa aussi l'état ecclésiastique, devint cardinal, et put, un jour, officier pontificalement, ayant pour diacre et sous-diacre ses deux fils, les évêques de Meaux et de Saint-Malo.

Jean Briçonnet, natif de Tours, mort en 1447, est le premier de cette famille dont le père Anselme fasse mention.

Guy Bretonneau (1) nous apprend qu'il était *juge de Touraine,* conseiller au parlement de Paris, et qu'il avait pour père Bertrand Briçonnet, également Tourangeau, chevalier, maître des requêtes de l'Hôtel, lequel aurait vécu sous les rois Charles V et Charles VI, et serait le bisaïeul de Robert Bri-

(1) *Histoire généalogique de la maison des Briçonnets* (sic). Pa is MDCXX, page 18.

çonnet, chancelier de France, et de Guillaume Briçonnet, dit *le cardinal de Saint-Malo* (1), père de notre évêque.

Celui-ci, d'abord appelé le comte de Montbrun, n'eut pas tout de suite le bonheur de se faire prêtre; mais, guidé par Louis Pinelle, son respectable prédécesseur (2), que le Ciel lui avait donné pour régent, et ne pouvant plus se tromper sur sa vocation, il entra dans les ordres. Le roi Louis XII lui accorda presque aussitôt l'évêché de Lodève et l'envoya, en 1507, à Rome.

La mésintelligence qui existait alors entre le Pape Jules II et la cour de France rendait sa tâche fort délicate. Cette première ambassade de Guillaume Briçonnet le fit connaître sous un jour nouveau, et vint révéler sa valeur personnelle.

Aussi, le roi François Ier s'empressa-t-il de l'employer, dès 1516, près du Pape Léon X, au sujet de négociations très-importantes pour lesquelles ce prélat dut rester deux ans à Rome.

La même année (1516), Guillaume Briçonnet avait été transféré à Meaux, où son entrée solennelle s'était faite le 19 mars. Déjà, cet évêque possédait l'abbaye de Saint-Germain-des-Prés, que lui avait cédée son père en 1507, et dont il entreprit la

(1) Avant de se faire prêtre, ce futur prince de l'Eglise se qualifiait conseiller du Roi, général des finances de Languedoc, de Roussillon et de Cerdagne, comme le prouvent différentes pièces originales conservées aux Manuscrits de la Bibliothèque Impériale et souscrites en 1487, 1488 et 1490; entre autres un reçu autographe, signé, de la somme de 1200 livres pour sa pension d'une année. (Cabinet des titres.)

(2) Les sentiments profonds d'inaltérable attachement que Guillaume Briçonnet avait voués à ce prélat étaient si vrais que dans le désir de voir un jour ses dépouilles mortelles réunies à celles de son saint devancier — il ignorait en quel lieu le Seigneur daignerait l'appeler à lui, — notre évêque fit graver d'avance une pierre, posée sur la tombe de ce maître vénéré, où l'on pût lire l'inscription ci-dessous rapportée d'après M. *Bordereau, advocat au siége présidial de Meaux*, et reproduite dans l'Histoire de la maison Briçonnet, déjà citée, page 208.

Ludovici et Guillelmi Ministrorum Meldensis Ecclesiæ ut par fuit desiderium, ita cadavera unus legit lapis; illius anno Domini millesimo quingentesimo decimo quinto, hujus vero millesimo quingentesimo, etc.

Les auteurs du *Gallia christiana*, tome VIII, page 1645, remplacent le mot *unus* par *idem* et ajoutent, après la date réelle qu'ils donnent de la mort de Louis Pinelle, MDXVI, *mense januario.*

réforme selon la congrégation de Chézal-Benoît (*Casale Bene-dictum*), diocèse de Bourges (1513), puis aussi l'abbaye de Saint-Guillem-du-Désert, au diocèse de Lodève, qu'il résigna à Michel Briçonnet, évêque de Nimes, son cousin. Il était en outre doyen de Notre-Dame de Tarascon, grand archidiacre d'Avignon, etc., etc.

Le nouvel évêque de Meaux passa donc ses deux premières années d'épiscopat à Rome, où il se rendit en compagnie de son frère, Denis Briçonnet, qui, lui aussi, quitta le siége de Saint-Malo sur l'ordre du Roi.

Leur mission était d'une difficulté extrême; elle exigeait autant de savoir que d'habileté. Il s'agissait de substituer un nouveau corps de discipline à la Pragmatique-Sanction, et cela d'une façon favorable à l'Eglise de France. Malgré tout, grâce aux lumières de l'Esprit-Saint, le succès couronna les efforts des deux prélats diplomates, et la Bulle qui contenait le Concordat fut lancée.

Une quittance originale, en date du 8 octobre 1521, signée *G. évesque de Meaulx*, constate que ce prélat reçut ce jour-là, du Roi, la somme de quatre cents livres cinq sols tournois en *faveur* des services qu'il lui avait rendus comme ambassadeur et ce, outre les autres sommes déjà ordonnées pour son *voyage dessus nommé* (1).

Le protestantisme, qui commençait à pénétrer en France, lui occasionna de fréquents combats à soutenir; mais ces luttes incessantes, heureusement, ne firent qu'augmenter son zèle et tournèrent toutes à son honneur.

Placé entre d'habiles docteurs qui, voulant le séduire, ne débutèrent pas, sans doute, par attaquer ses croyances les plus chères — *decipimur specie recti* — et un clergé disposé à voir toujours en lui le réformateur de Saint-Germain-des-Prés, un supérieur naturel dont il redoutait la fermeté de caractère, l'austérité de principes, Guillaume Briçonnet, crut certainement devoir finir par se montrer sévère envers ceux qui professaient les idées nouvellement introduites par Luther, pour ne pas être lui-même convaincu d'hérésie, et afin de conserver sur l'esprit des moines et de ses curés l'autorité morale indispensable à

(1) **Cabinet des titres aux Manuscrits de la Bibliothèque Impériale.**

un évêque. Peut-être aussi espérait-il réussir à arrêter le mal dès son principe en agissant ainsi ; néanmoins, nous aimons à penser que ce pasteur si charitable et si pieux aurait voulu pouvoir se montrer à la fois, comme le Seigneur, infiniment juste et infiniment miséricordieux.

Guillaume Briçonnet contribua beaucoup aussi à l'embellissement du palais épiscopal de Meaux et fit construire l'escalier en rampe (sans marches) que l'on y remarque encore aujourd'hui.

Enfin, il mourut au château d'Aimans, résidence des abbés de Saint-Germain-des-Prés, près de Montereau, le 24 janvier 1534, après une existence des plus agitées.

Son nom se trouve sur la liste des bienfaiteurs des Hospices de Meaux, par suite de legs importants que ce généreux prélat fit à l'hôtel-Dieu pour la *fondation et l'entretènement d'un médecin et philosophe qui couchera et lèvera les malades*, dit le testament, *sera nourri et aura totale et principale charge desdits pauvres et malades*; et, aussi, pour la fourniture de *médicaments et des drogues* (1).

C'est pendant l'administration de Guillaume Briçonnet qu'eut lieu à Meaux, en 1533, l'établissement de la maison des chanoines réguliers de l'ordre de la Sainte-Trinité, sous la direction d'un ministre.

Des extraits d'une sorte de journal dressé par *Messire Jean Lermite* (2), chantre de la cathédrale de Meaux, et secrétaire de Guillaume Briçonnet, font parfaitement connaitre cet évêque et donnent une idée de son ardeur apostolique. Ces mémoires mentionnent plusieurs décrets synodaux relatifs à la doctrine de Luther, une « *monition contre ceulx quy avoient mis en pièces à coups de couteau quelques tableaux attachez en la grande Eglise de Meaulx, où certaines Oraisons étoient écrites;* » différents actes épiscopaux : « l'*Institution de la procession solennelle es octaves du Saint Sacrement par tout le diocèse de Meaulx,*» etc; puis, ces fragments finissent par l'éloge suivant en forme d'épitaphe : « *Anno Domini millesimo quingentesimo trigesimotertio, die rigesima quinta mensis Ianuorii, circiter mediam noctem, decessit ab humanis bonæ memoriæ Reverendus in Christo Pater et Dominus*

(1) *Histoire généalogique de la maison des Briçonnets*, page 216.
(2) Ibid., page 164.

meus, Guillelmus Briçonnet, Episcopus Meldensis, et Abbas mo-
nasterii Sancti Germani de pratis, secus muros, Parisiacæ urbis,
annum œtatis suæ agens sexagesimum tertium: VIR DUM VIVE-
RET, MORIBUS, SCIENTIA, ET VIRTUTE CLARUS; OPERE
ET SERMONE POTENS, FACTIONIS LUTHERANÆ DE-
BELLATOR ACERRIMUS, PAUPERUM PATER PIENTISSI-
MUS : *Cujus anima in Christi superboni Domini Jesu nomine*
quiescat in felici et perpetua pace, Amen (1). »

Nous n'avons trouvé aucun sceau de Guillaume Briçonnet ;
mais Guy Bretonneau (2) prétend qu'il portait ordinairement
les armes simples de sa famille, chargées d'une crosse d'or,
comme on les voyait, ajoute cet auteur, en l'hôtel épiscopal qu'il
fit bâtir à Meaux, aux Cordeliers de la même ville, en l'église
Saint-Germain-des-Prés, etc. Ne doit-on pas penser que la crosse
sus-mentionnée passait derrière l'écu de ce prélat, et n'était pas
posée en abime, ainsi que le ferait croire Bretonneau ?

Cette question paraît résolue affirmativement, après qu'on a
examiné la reliure de ses livres où l'écu ovale, aux armes des
Briçonnet, qui s'y voit, est surmonté et non pas chargé d'une
crosse aussi bien que d'une mître et d'un chapeau épiscopal
ayant seulement six houppes aux cordons, de chaque côté. Sur
le dessin reproduit dans l'*Armorial du Bibliophile* (3) ladite
crosse est tournée en dedans, comme doivent la porter les
abbés pour indiquer que leur juridiction est bornée à l'intérieur
d'un monastère ; toutefois, nous ne voyons là qu'un oubli de la
part du graveur qui n'a pas songé, sans doute, que la crosse
de l'évêque de Meaux ne devait plus être représentée comme
celle de l'abbé de Saint-Germain-des-Prés.

(1) Voici la traduction donnée par Bretonneau, page 205. *L'an de
notre Seigneur mil cinq cents trente-trois, le vingt-cinquième jour du
mois de Janvier, environ la mi-nuict, rendit l'âme à Dieu feu de bonne
mémoire Révérend Père en Jésus-Christ Monseigneur Messire Guillaume
Briçonnet, Evesque de Meaulx, et abbé du monastère de Sainct-Germain
des Prez lez Paris, aagé de soixante et trois ans.* PERSONNAGE QUAND
IL VIVOIT RECOMMANDABLE EN MŒURS, SCIENCE ET PIÉTÉ,
PUISSANT EN ŒUVRE ET EN PAROLE, CAPITAL ENNEMI DE
L'HÉRÉSIE ET SECTE DE LUTHER, ET TRÉS - MISÉRICORDIEUX
PÈRE DES PAUVRES, *dont l'âme par la grâce et bonté de notre Seigneur veuille iouyr d'une heureuse paix à l'éternité. Ainsi-soit-il.*
(2) Page 294.
(3) M. Joannis Guigard, 1re partie, page 123.

La Croix-du-Maine, dans sa Bibliothèque ou catalogue des auteurs qui ont écrit en France depuis le xii° siècle, parle de notre évêque comme ayant composé plusieurs ouvrages en latin ; une oraison pour le roi Louis XII *contre* l'empereur Maximilien en 1507, et aussi une traduction imprimée à Paris, par Simon de Colines, sous ce titre : *Les Contemplations faictes à l'honneur de la très-sacrée Vierge Marie, par quelque dévote personne qui s'est voulu nommer l'Idiote.*

Le généalogiste de la maison Briçonnet (1) donne la description de deux médailles du chancelier Briçonnet, oncle de l'évêque de Meaux. La plus grande de ces pièces représentait la tête du ministre d'un côté, et, au revers, ses armes écartelées de celles de Reims, avec la légende : ROBERTVS BRIÇONNET ARCHIEPISCOPVS ET DVX REMENSIS, PRIMVS PAR ET CANCELLARIVS FRANCLÆ ; et la devise : MARCESCIT SINE ADVERSARIO VIRTVS. L'autre médaille, en tout à peu près semblable, pour le type, à la première, avait été frappée alors que Robert Briçonnet était président des enquêtes.

Le Cardinal de Saint-Malo, lui, ainsi qu'on pouvait jadis le voir en plusieurs lieux, faisait accompagner son écu de ces trois mots : HVMILITÉ M'A EXALTÉ.

97. ANTOINE DU PRAT (2), 1534 ; *d'or à la fasce de sable accompagnée de trois trèfles de sinople, deux en chef et un en pointe ;* né

(1) Guy Bretonneau, page 130.
(2) Nous avons suivi l'orthographe rationnelle, adoptée par beaucoup d'auteurs, en écrivant *du Prat* en deux mots ; toutefois, d'après les signatures autographes du Cardinal-Chancelier et les souscriptions de plusieurs pièces originales conservées au cabinet des manus-

à Issoire, en Auvergne, le 17 janvier 1463, fils d'Antoine du Prat, consul d'Issoire, et de Jacqueline Bohier.

S'étant acquis une très-grande réputation comme avocat, Antoine du Prat, le futur évêque de Meaux, fut nommé maître des requêtes en 1503 et premier président du Parlement de Paris (1507), après avoir été d'abord lieutenant-général civil au bailliage de Montferrand (1490) et avocat général au Parlement de Toulouse en 1499. Devenu veuf le 19 août 1508, de Françoise Veyny, fille d'Antoine Veyny et de Marie d'Arbouze, qui lui avait donné trois enfants : la baronne d'Arpajon, Antoine du Prat, prévôt de Paris, et Guillaume du Prat, évêque de Clermont, le premier président du Prat embrassa l'état ecclésiastique dans lequel on lui reprocha, non sans raison, de ne voir qu'une nouvelle mine d'honneurs et de richesses à exploiter.

En effet, aux titres nombreux qu'il avait déjà, il put bientôt en ajouter d'autres et se qualifier, en même temps, chevalier, seigneur de Nantouillet, baron de Thiers et de Thoury, comte de la Valteline, chancelier de France, de Bretagne, du duché de Milan et de l'ordre du Roi, abbé de Saint-Benoît-sur-Loire, évêque de Valence, de Die, d'Alby, de Gap et de Meaux, archevêque de Sens, cardinal du titre de Sainte-Anastasie, primat des Gaules et de Germanie, légat *a latere;* tandis que trois de ses frères occupaient les siéges de Clermont, de Mende et de Montauban, que les diocèses de Bourges, de Nevers et de Saint-Malo étaient gouvernés par les Bohier, ses proches parents, sans parler des Sudre et des Charrier, ses alliés, qui appartenaient aussi à l'épiscopat français. Cet homme habile devait s'être dit que si les esprits supérieurs n'arrivent pas à tout ce qu'ils veulent, c'est qu'ils n'osent pas tout ce qu'ils peuvent.

Au point de vue généalogique, nous ajouterons seulement que, rejetant l'opinion des auteurs qui donnent pour unique ancêtre connu au chancelier du Prat, son aïeul Anne ou Antoine du Prat, dit *Ricot* (petit Henri), marchand-bourgeois de la ville

crits de la Bibliothèque nationale, il est certain que le célèbre ministre de François Ier ne séparait pas les syllabes de son nom
Au xvie siècle, à la vérité, la singulière importance que l'on paraît attacher de nos jours aux particules n'existait assurément pas, et personne n'aurait eu l'idée toute moderne de les considérer, sans motif, comme des preuves de noblesse.

6

d'Issoire, M. le marquis du Prat (1) le fait descendre, a la septième génération, de Robert du Prat, chevalier, vivant en 1243.

Comme il serait superflu de donner ici une biographie complète de cet important personnage généralement très-connu et qui, d'ailleurs, n'a été qu'un an titulaire du siège de Meaux, dont il fit prendre possession par l'évêque de Clermont, son fils, le 5 mai 1534, nous rappellerons uniquement que ce fut par ses soins que le concordat remplaça la pragmatique sanction en France, qu'il convoqua et présida un concile provincial des évêques suffragants de l'archevêché de Sens où fut condamnée l'hérésie naissante de Luther, qu'il eut l'honneur de couronner la reine Eléonore d'Autriche à Saint-Denis, et que l'Hôtel-Dieu de Paris lui doit une salle qu'il fit bâtir à ses frais aussi bien qu'un grand portique de pierre à la droite duquel on voyait sa statue à genoux, en habits de cardinal et les mains jointes.

Nous ne sortirons pas toutefois de notre sujet ni de notre diocèse en parlant du château de Nantouillet, situé près de Juilly, l'un des plus charmants édifices de la Renaissance (2) où le Cardinal-Chancelier vint finir ses jours le 9 juillet 1535, après en avoir fait un bijou architectural dont les ruines, encore aujourd'hui, révèlent une pureté de goût qui fait attribuer les dessins de sa gracieuse ornementation au Primatice. Là, partout, l'on retrouve les *trèfles* d'Antoine du Prat ; mais aucun des écussons qui les représentent n'est surmonté des insignes épiscopaux ou du chapeau des princes de l'Eglise. Un simple casque accompagné de lambrequins est le seul attribut héraldique que le sculpteur ait ajouté à ces armes parlantes. — En latin, Du Prat se dit *De Prato*.

Il est juste de mentionner également que si, par courtoisie,

(1) *Vie d'Antoine du Prat*, Paris, 1857.
(2) Nous ignorons à quelle époque le chancelier du Prat fit l'acquisition de l'ancienne forteresse féodale sur l'emplacement de laquelle devait s'élever si promptement le joli manoir de Nantouillet ; mais, une quittance originale du 18 septembre 1525, souscrite par *Anthoyne Duprat, chevalier, sieur de Nantoillet, chancellier de France,* (Cabinet des Titres aux manuscrits de la Bibliothèque nationale), donne au moins déjà une date certaine et parfaitement au thentique de sa possession.

le puissant seigneur de ce lieu y avait fait placer en plus d'un endroit la salamandre de son auguste maître, nulle part nous n'avons vu, à Nantouillet, l'emblème particulier qu'il s'était choisi, composé d'un homme foulant aux pieds une plante d'oseille, avec cette devise qui en expliquait l'allégorie : *Virescit vulnere virtus.*

Suivant les dernières volontés du chancelier Du Prat, son cœur fut porté dans la cathédrale de Meaux et mis en terre assez près de la lampe du chœur. On avait suspendu au-dessus du haut de la voûte, son chapeau de cardinal. Il s'y voyait encore en 1562, lorsque les Huguenots le lacérèrent et abattirent tous les autels et toutes les images de cette église (1).

L'intéressante description donnée par M. l'abbé Josse (2), vicaire-général, de l'état des lieux et des objets renfermés dans le caveau construit sous le sanctuaire de la cathédrale par M. de Bissy en 1723 et destiné à la sépulture des évêques, vient nous prouver que le cœur du célèbre Cardinal-Chancelier, qui y avait été transféré à cette époque, s'y trouvait toujours, au mois de juillet 1869, déposé dans une boîte de plomb ayant environ 18 centimètres de hauteur et un peu plus de 20 centimètres de diamètre.

L'église de Nantouillet, à laquelle l'avenir réservait les restes de plusieurs descendants d'Antoine du Prat, n'obtint qu'un tombeau érigé en son honneur par le respect de son fils; car, le corps du principal ministre de François Ier fut déposé dans la cathédrale de Sens, où l'on fit à ses dépouilles mortelles une réception non moins brillante que celle dont il avait été l'objet de son vivant, à Paris, comme légat.

Du reste, c'était, paraîtrait-il, la première fois que cet archevêque entrait dans son église..... Par exception, sans doute, l'abus avait empêché l'usage.

Maintenant, bien que le nom de Meaux ne figure pas sur les sceaux du cardinal du Prat, nous en donnons ici la description à cause des armoiries qui s'y trouvent, comme preuve de l'exactitude de notre attribution héraldique. L'on ne doit pas oublier

(1) Toussaint Du Plessis, *Histoire de l'Eglise de Meaux*; tome 1er, page 339.
(2) *Semaine religieuse du diocèse de Meaux*; 2e année, n° 29, page 367.

non plus que ce prélat était à la fois archevêque de Sens et évêque de Meaux, de sorte que le même sceau lui servait probablement pour les deux diocèses.

L'empreinte la mieux conservée des trois sceaux que nous avons trouvés à la Bibliothèque nationale (1) est orbiculaire, en cire rouge (48 millimètres), et représente un large écu pointu, chargé d'une fasce accompagnée de trois trèfles, entouré de rinceaux formés de palmettes et posé sur une croix simple, fleuronnée : ANTONIVS DVPRAT AR' SENONEN : ABBAS : S'CTI : B'NEDICTI : CAN : FRAN : (*Antonius Duprat Archiepiscopus Senonensis, abbas Sancti Benedicti, cancellarius Franciæ*. Ce sceau est plaqué au bas d'une quittance de la somme de deux mille quatre cents livres tournois, donnée le **23e** jour de novembre 1528 et signée : *Cardinal de Sens, chancellier*.

Le second sceau, à peu près semblable au précédent, quoiqu'il ne soit pas assurément sorti de la même matrice, est plaqué sur un autre reçu aussi original de deux cent vingt livres tournois, donné *le pénultième jour de may, l'an mil cinq cent vingt-sept ;* signé : *A. Ar. de Sens, chancellier de France*.

Le troisième, plus grand que les deux premiers (54 millimètres), est également de forme orbiculaire, en cire rouge, et représente, au centre, un écu pointu, aux armes du chancelier du Prat, posé sur une croix fleuronnée, soutenu par deux anges et surmonté d'un chapeau de cardinal dont les houppes, au nombre de dix seulement, de chaque côté, retombent à dextre et à sénestre sous la pointe de l'écu. Ce dernier sceau est appendu au bas de lettres du Cardinal-Chancelier, imprimées en caractères gothiques, au sujet d'une levée de quatre décimes sur tous les biens du clergé de France, destinée à la rançon et délivrance des enfants de France demeurés comme otages en Espagne. Cette pièce, adressée à l'archevêque de Narbonne, doit être de 1529, quoiqu'elle finisse par ces mots : *Datum Parrisiis* (sic) *die secunda mensis octobris, anno Domini millesimo quingentesimo nono ;* ce qui ne peut être qu'une faute d'impression.

Derrière ces trois empreintes, on remarque le même contre-

(1) Cabi. et des manuscrits : *Tiltres originaux scellez. Eveschez,* volume XI.

sceau, de 18 millimètres, chargé d'un petit écu pareil à celui
des sceaux et accompagné de palmes.

98. JEAN DE BUZ, 1535 ; *d'azur à deux épées d'argent garnies
d'or, passées en sautoir*; fils de Charles de Buz, seigneur de
Villemareuil (près Meaux), et de Marguerite Bureau. (1)

(1) La famille Bureau, originaire de Semoine, en Champagne, a
joué un rôle trop important dans les annales meldoises pour qu'il
n'en soit pas fait ici une mention particulière

Jean Bureau, grand maître de l'artillerie en 1439, prévôt des
marchands (1470) et chambellan du roi Louis XI, était aussi capitaine
de la ville et marché de Meaux.

» Il faut savoir, pour comprendre le sens de ce titre, ainsi que le
dit très-justement M. Lefebvre, dans son excellent article sur les
Méreaux et les jetons inédits de la ville de Meaux, (Revue numismatique, année 1866.) que le *Marché* est un quartier de la ville en forme
de presqu'île contournée par la Marne et constituant une véritable
forteresse. Jean Bureau avait puissamment contribué avec son artillerie à la reprise de Meaux sur les Anglais, qui en étaient restés
maîtres pendant dix-sept ans. »

Son fils, Pierre Bureau, chevalier, trésorier de France sous Charles
VIII, également capitaine de la ville et Marché de Meaux et du château
de Beauté-sur-Marne, hérita du château des Tournelles et de la seigneurie de Monglat. La notice de M. Lefebvre nous fait connaître un
jeton de cuivre frappé en son honneur et sur lequel on voit :
PIERRE : BVREAV : CHLR : (chevalier) SEIGNEVR : Écu pointu *d'azur
au chevron potencé et contre-potencé d'or rempli de sable, accompagné de
trois buires d'or, deux et une.* Ces armes *parlantes* étaient celles de la
famille Bureau. Peut-être lui avaient-elles été concédées par les
comtes de Champagne, dont elles rappelaient les *cottices potencées et
contrepotencées.* Revers : DE : MOGLAT : TRÉSORIER : DE : FRANCE :
Au centre, dans un champ semé d'hermines, un K couronné, ini-
tiale du nom de Charles VIII.

« On voit que la légende du revers, ajoute M. Lefebvre, est la continuation de celle du droit. Les hermines indiquent que le jeton n'a

Ce prélat était originaire du pays meldois où sa famille possédait des biens considérables. Environ cent cinquante ans avant son élévation au trône épiscopal, un de ses ancêtres nommé aussi Jean de Buz, ou de Bus, exerçait les fonctions de notaire à Meaux.

Ce renseignement généalogique que nous devons à Dom Toussaint Du Plessis, est donné, d'ailleurs très-inexactement par cet auteur, avec un dédain de parti pris qu'on retrouve dans tout ce qu'il rapporte au sujet du successeur d'Antoine du Prat.

L'on doit même présumer que le bon Bénédictin n'avait pas parcouru la charte latine qu'il cite à l'appui de son assertion; car il se serait aperçu, sans doute avec satisfaction, que Jean de Buz, le susdit notaire, aurait pu très-difficilement recevoir l'acte de 1312 en question, puisque c'est lui qui en fit la transcription en 1386, soixante-quatorze ans plus tard!

La pièce *justificative* imprimée sous le numéro CDXLVII, dans l'ouvrage de Dom Toussaint Du Plessis, vient donc témoigner contre sa manière d'écrire l'histoire.

Quant à la malveillance, elle s'explique jusqu'à un certain point de la part d'un religieux de la congrégation de Saint-Maur, qui ne pouvait voir sans regret Villemareuil érigé en paroisse par l'évêque Jean de Buz, et par suite de cette indépendance, une diminution dans les dîmes que percevait l'abbaye de Saint-Faron à laquelle ce village appartenait.

Comme ses deux prédécesseurs, Jean de Buz fut nommé évêque par le roi François Iᵉʳ, qui avait écrit aux chanoines de Meaux pour leur défendre de procéder à aucune élection. Conformément au concordat il fallait néanmoins que ce prélat obtînt sa préconisation de la cour de Rome; ses bulles lui furent expédiées le 13 août 1535.

été frappé qu'après le mariage du Roi avec Anne de Bretagne, qui eut lieu le 6 décembre 1491.

» Le château de Monglat était situé dans la commune de Cerneux, canton de Villers-Saint-Georges. (Seine-et-Marne.) Il était autrefois fortifié, et l'on sait qu'il a appartenu à madame de Monglat, gouvernante des enfants de France au temps de Henri IV. Le peu qui en subsiste appartient aujourd'hui à M. de Wailly. »

Gaspard Bureau, père de Marguerite, se signala à la prise de Bayeux, en 1450, au siège de Bayonne, à la bataille de Castillon, et devint aussi maître de l'artillerie. Le dernier de cette maison fut Geoffroi Bureau, seigneur de la Tour de Bigery, qui vivait en 1598.

En cette même année, à la suite d'une élection, il devint conservateur des priviléges de l'Université de Paris. Mais, la prise de possession personnelle de son siége n'eut lieu qu'au mois de mai 1542, pour des motifs de santé et en raison d'un voyage qu'il fit à Nice où le Roi l'avait emmené.

Jean de Buz, d'abord pourvu de l'abbaye de Chaage (1531), eut encore l'abbaye de Saint-Faron (1533), dont il se démit quelque temps avant sa mort.

C'est sous son épiscopat que fut rendu l'arrêt dit des *quatorze* (1), qui condamnait un nommé Mangin et treize autres hérétiques à être brûlés vifs; affreux supplice décrété par le Parlemont de Paris (2), et que ne manquèrent point d'exploiter à leur manière les ennemis de la religion catholique.

Au mois de septembre 1544, l'empereur d'Allemagne s'étant montré à la tête d'une grosse armée sur les bords de la rivière d'Ourcq, et ses coureurs ayant été vus à la Ferté-sous-Jouarre, la terreur s'empara de tous les esprits, et la ville de Meaux devint déserte. La plupart de ses habitants s'enfuirent et tous ne revinrent qu'après que la paix fut signée (20 septembre 1544).

C'est dans l'église bâtie par son aïeul Charles de Buz, à Villemareuil, que l'évêque Jean fut enterré le 9 octobre 1552, sans qu'on daignât placer la moindre inscription sur sa tombe, à ce que nous dit Dom Toussaint Du Plessis, et ce qui paraît certain.

Seulement, au point de vue héraldique, il nous est impossible de regarder autrement que comme une plaisanterie grivoise, l'explication donnée par le maréchal de Bassompierre à la reine Marie de Médicis, qui lui demandait, dit le curé Janvier (3), ce que signifiaient les deux épées passées en *sautoir* (croisées), qu'elle voyait partout au château de Villemareuil. Notre refus d'accepter l'interprétation attribuée à M. de Bassompierre vient d'abord de la présence, en l'église de Villemareuil, d'une pierre tombale bien antérieure au décès de Jean de Buz, et sur laquelle se trouvent gravées lesdites épées; puis de la prévision singulière qu'il aurait fallu à ce prélat pour faire sculpter, d'a-

1) 4 octobre, 1545.
(2) *Histoire de l'Eglise de Meaux*, liv. iv, page 348.
(3) *Histoire de l'Eglise de Meaux*, tome 1er note xlvi.

vance, ces nombreux écussons chargés des armes qui, suivant 'anecdote, devaient servir un jour à lui donner la mort.

Ce qui pourrait être regrettable à nos yeux, dans ce récit, ce serait que la conduite de Jean de Buz eut inspiré au maréchal de Bassompierre l'idée qui s'est présentée à son esprit gaulois; mais rien, si ce n'est le malin plaisir qu'éprouvent certaines natures à supposer le mal, ne semble expliquer une pareille légèreté de langage.

Le reproche qu'adressent à cet évêque nos historiens Briards, qui n'étaient pas ses amis, tendrait particulièrement à laisser penser qu'il ne considérait la dignité épiscopale que sous le rapport des droits temporels qu'elle lui conférait. Et, pourtant, le docte Phélippeaux, grand vicaire de Bossuet, dans sa chronique latine des évêques de Meaux, œuvre de bonne critique, rapporte, à la fin de sa notice sur Jean de Buz, un éloge du prélat fait par un chanoine de la cathédrale au moment du décès; et, dans cette pièce, le chanoine rend hommage aux qualités d'esprit de l'Evêque et à sa grande charité envers les pauvres... On serait donc autorisé à croire aussi qu'il n'employait peut-être ses facultés intellectuelles d'une façon qui le faisait si mal juger,—surtout par ceux dont les intérêts s'en trouvaient lésés, — que pour arriver à satisfaire les généreux élans de son cœur.

Au seizième siècle, il existait, à la vérité, portant aussi le nom de Bus, un saint personnage auquel on doit la fondation, en France, de la congrégation de la Doctrine chrétienne; mais, le *bienheureux père César de Bus*, né à Cavaillon (comtat Venaissin), le 3 février 1544 (1), n'appartenait pas à la famille de l'Evêque de Meaux; car, sa maison, originaire de Côme, en Lombardie, et de laquelle était issue sainte Françoise, avait pour armoiries, ainsi que nous l'apprend le père Jacques Bauvais (2), un lion rampant sur un arbre *ébranché*.

En remarquant cette dernière particularité, le maréchal de Bassompierre se serait peut-être demandé si César de Bus n'avait pas eu soin de faire enlever les branches de son arbre pour empêcher qu'on pût l'y pendre; ou mieux encore, le *gai con-*

(1) *Vie du R. P. César de B .*, par le père I. Marcel; Lyon, 1619
(2) *Vie du Bienheureux père C. De Bus*; Paris, 1645, page 2.

teur, sans hésiter, aurait affirmé la chose comme un fait, et, certes, aucun de ses auditeurs n'en eût douté.

99. JEAN DE LÉVIS, 1552; *d'or à trois chevrons de sable*. Les auteurs du *Gallia christiana*(1) nous apprennent qu'il avait pour père Jean de Lévis, baron de Charlus, seigneur de Champagnac, des Granges et de Margérides, marié à Françoise de Poitiers, fille d'Aymar de Poitiers, seigneur de Saint-Vallier et de Jeanne de Latour; son aïeul était alors Louis de Lévis, baron de la Voute, époux de Blanche de Ventadour.

Or, parmi les sept enfants issus du mariage de Jean de Lévis, un seul, portant ce même nom de Jean, reçu chevalier de Saint-Jean de Jérusalem, le 12 avril 1528 (2), est mentionné par le Père Anselme (3), qui en fait un guerrier tué à la prise de la ville d'Alger en 1541; c'est-à-dire onze ans avant la nomination de notre Jean de Lévis en qualité d'évêque de Meaux.

Cette fin glorieuse rendrait impossible tout rapprochement à établir entre le Jean de Lévis du Père Anselme et celui du *Gallia*, s'il était prouvé qu'en l'année 1541, il y ait eu prise d'Alger; mais comme, à la date de 1541, l'on voit seulement dans l'histoire la vaine tentative que fit l'empereur Charles-Quint de soumettre les pirates Algériens, et qu'il faudrait, de plus, aller

(1) *Ecclesia Meldensis,* tome VIII, page 1618.
(2) Vertot, *Histoire des chevaliers de Malte*, tome VII, page 103. Ce titre, porté par Jean de Levis, n'était nullement incompatible, du reste, avec la dignité épiscopale. Pour ne citer qu'un exemple du même genre, nous rappellerons que Charles Phélypeaux de Pontchartrain, reçu aussi chevalier de Malte, en 1706, devint abbé de Royaumont en 1728, puis évêque de Blois, en 1734.
3) *Histoire généalogique de la Maison de France*, tome IV, page 34.

jusqu'au règne de Louis XIV pour trouver, en 1682, un bombardement d'Alger par les Français, il est permis de penser que le Père Anselme a commis une erreur et que le Lévis présenté successivement par le roi Henri II pour les évêchés de Châlon-sur-Saone et de Meaux, sans qu'il ait jamais reçu ses bulles, la mort étant venue le surprendre tandis qu'il était près de Lyon, en 1553, a vécu assez longtemps cependant pour porter le titre d'évêque nommé de Meaux.

Si dom Toussaint du Plessis ne précisait pas d'une façon aussi positive l'époque du décès de cet éphémère prélat, nous eussions proposé de remplacer le 4 par un 7 dans la date 1541, indiquée par le Père Anselme, et en admettant cet *erratum*, nous verrions Jean de Lévis perdant la vie à la bataille de Lépante en 1571... Mais après avoir lu l'Histoire de l'Eglise de Meaux (1), l'on ne peut pas supposer que ce *fils des Croisés* ait eu la satisfaction de mourir pour *venger la croix et humilier le croissant*, comme cela se disait alors.

La maison de Lévis a pris son nom de la seigneurie de Lévis, située entre Chevreuse et Versailles, en Hurepoix. Sa filiation remonte à Philippe de Lévis, vivant en 1179. Le fils de celui-ci, Guy de Lévis, fondateur de l'abbaye de la Roche, en 1190, est l'auteur reconnu de toutes les branches de cette famille qui subsistent aujourd'hui. Ce seigneur, durant la guerre faite aux Albigeois, reçut, comme l'un des chefs de cette croisade, le titre héréditaire de *Maréchal de la Foi*.

La terre et le château de Noisiel, situés près de Lagny-sur-Marne, appartiennent encore actuellement à un membre de la noble maison de Lévis qui compte, parmi ses illustrations, deux maréchaux de France, huit chevaliers des ordres du Roi, un cardinal, un ambassadeur, six archevêques, neuf évêques, et qui a formé les branches ducales de Mirepoix, de Ventadour (cette dernière obtint la pairie en 1589) et celle de Fernando-Luis, avec la grandesse en Espagne.

La devise des Lévis est toujours : AIDE DIEU AU SECOND CHRETIEN LEVIS.

(1) Tome Ier, page 350.

100. Louis de Brézé, 1553; *d'azur à l'écusson d'or rempli d'argent, à l'orle de huit croisettes d'or* : fils de Gaston de Brézé, seigneur de Plannes, d'Auvricher et de Plainbosc, maréchal héréditaire de Normandie, et de Marie de Cerisey, dame de Fauquernon et de la Haye-du-Pui. Ce Gaston de Brézé était le troisième fils de Jacques de Brézé comte de Maulévrier, qui avait épousé Charlotte dite de France, fille naturelle de Charles VII et d'Agnès Sorel, et le frère de Louis de Brézé, mari de Diane de Poitiers.

Selon le Père Anselme, la maison de Brézé aurait pour auteur Jean de Brézé qui, nous dit-il, plaidait en 1323 et 1332 contre Payen de Maillé et sa femme, seigneur et dame de Brézé (1); mais la filiation que donne La-Chenaye-des-Bois permet de la faire remonter à Geoffroy, seigneur de Brézé en Anjou, et de la Varenne, vivant en 1288. La charte de Damiette, d'ailleurs, a conservé le nom de Jacques de Brézé comme ayant pris part à la septième croisade, de 1248 à 1268.

Pierre de Brézé, grand sénéchal d'Anjou, de Poitou et de Normandie, aida puissamment le roi Charles VII à chasser les Anglais du royaume; malheureusement, ce vaillant chevalier fut tué à la bataille de Montlhéry (1465), durant la guerre dite du *Bien public*.

L'histoire fait encore connaitre plusieurs membres de cette

(1) Elle se nommait Jeanne de l'Estang et possédait la seigneurie de Brezé comme héritière de sa mère Catherine de Brézé, mariée à Macé de l'Estang. Le procès en question avait été intenté par Jean de Brézé au sujet des droits qu'il prétendait avoir sur la terre de Brézé.

illustre famille qui perdirent aussi la vie au service de la France, après s'être signalés par des actions d'éclat.

Louis de Brézé, notre prélat, déjà en possession des abbayes de Pontlevoi, d'Igny, de Saint-Georges de Bocherville, au diocèse de Rouen, de Saint-Faron de Meaux, et du prieuré de Saint-Sanson d'Orléans, eut aussi la charge de grand-aumônier de France et celle de trésorier de la Sainte-Chapelle de Paris.

Les succès du calvinisme se firent particulièrement sentir dans le diocèse de Meaux, où bientôt l'on vit toutes les églises en ruines, et l'Evêque lui-même assiégé jusque dans sa demeure.

Le 29 mars 1562 le prince de Condé vint à Meaux suivi de l'amiral de Coligny, du général d'Andelot et d'une escorte nombreuse pour y faire la cène à la mode de Genève. Rien ne troubla son dessein ; mais comme à cette époque on ne comprenait pas encore que la liberté de chacun doit toujours avoir pour limite la liberté d'autrui, le lendemain de ce jour de Pâques, la princesse de Condé faillit succomber victime des suites d'une agression de ses coreligionnaires.

« Partie de Meaux en même temps que le prince son époux pour se rendre à Moret, elle avait rencontré une procession sur sa route; quelques jeunes gens de son escorte ayant insulté le saint cortége, les paysans s'ameutèrent et poursuivirent la petite troupe à coups de pierres. La litière de la princesse en fut criblée ; elle n'eut que le temps de gagner Gandelu, où elle accoucha avant terme de deux jumeaux. Elle arriva presque mourante à Orléans avec son fils aîné. (1) »

La même année, avant de se rendre au concile de Trente, Louis de Brézé reçut à Meaux le roi Charles IX, la reine Catherine de Médicis, le roi de Navarre, et le cardinal de Bourbon, qui tous assistèrent à la procession du Saint-Sacrement.

Peu de temps après, eurent lieu ces épouvantables scènes de désordre qui jetèrent la désolation au sein de la cité meldoise. Le prétexte était la réforme du catholicisme ; la cause, le mépris de l'autorité inspiré par sa faiblesse ; le véritable but, pour quelques-uns, une ambition à satisfaire, et pour les masses, le

(1) M. le duc d'Aumale. *Histoire des Princes de Condé.* T. I, p. 139.

pillage. Comme de nos jours, les prétendues réformes politiques servirent de masque aux menées les plus coupables, aux crimes les plus affreux.

La belle cathédrale de Meaux, ainsi qu'on doit bien le penser, eut particulièrement à souffrir de la part des brigands de ce triste temps, vandales qui auraient dû être désavoués même par les sectes les moins religieuses. Hélas ! combien de sculptures mutilées sont encore là pour servir de témoignage à ce que nous avançons ?

En 1564, Louis de Brézé permuta avec l'évêque de Saint-Brieuc qui suit.

101. JEAN DU TILLET, 1564 ; *d'or à la croix de gueules, pattée et alaisée* ; fils de Elie du Tillet, vice-président en la chambre des comptes de Paris (1514), anobli par lettres du roi Charles VIII (1484) en qualité de secrétaire et contrôleur général des finances de Charles d'Orléans, comte d'Angoulême (1), et de Mathurine Petitot, dite Petithomme.

Dans sa généalogie de la maison du Tillet (2), Victor Le Gris, sieur de Teuville, lui donne pour auteur Alexandre du Tillet, premier du nom, qui vivait sous le règne de Philippe-Auguste, seigneur du Tillet, de la Salle-de-Retz et autres terres en Angoumois, qualifié *Miles* dans un contrat d'échange entre lui et Hério du Tillet, prieur et archiprêtre du Peyrat, en 1195.

Notre prélat, élu conservateur des priviléges de l'Université,

(1) Cabinet des titres aux Manuscrits de la Bibliothèque nationale.

(2) Chartres: Imprimerie de la veuve Massot, M.DCCI.

avant d'être appelé à l'évêché de Meaux, occupa d'abord le siége de Saint-Brieuc. Son nom est demeuré justement célèbre parmi ceux des savants du xvɪᵉ siècle ; mais la gloire qu'il acquit ainsi d'une façon si légitime ne l'empêcha pas de subir de nombreuses épreuves.

Jean du Tillet avait plusieurs frères. Louis, l'un d'eux, bien qu'étant chanoine d'Angoulême et curé de Clai, en Poitou, se fit l'adepte de Calvin, son ancien précepteur. Poussé par un fanatisme dévorant, après avoir, même à ses prônes de paroisse, cherché et trouvé les occasions de faire entendre les préceptes nouveaux, il passa hors du royaume de France et suivit le réformateur en Allemagne.

Ce fut donc loin de son diocèse qu'eut à courir le pasteur meldois, pour ramener physiquement et moralement la précieuse brebis égarée qui lui suscitait tant d'alarmes, mais qui ne put résister plus longtemps à la grâce, car un rapprochement de corps et d'âme se fit enfin entre ces deux frères de caractères si différents.

Voici les ouvrages à nous connus de l'évêque Jean du Tillet : *Traité de la religion chrétienne*; *Réponse d'un évêque aux ministres des Églises nouvelles* ; *Avis aux gentilshommes séduits*; *Traités de l'antiquité et de la solennité de la messe, du symbole des Apôtres, des douze articles de notre foi, des privilèges de l'Eglise gallicane*; *Exemples des actions de quelques pontifes comparées avec celles des princes païens*; *Chronique des rois de France, depuis Pharamond jusqu'à la première année du règne de Henri II*. Cette remarquable étude historique, publiée d'abord en latin, parut ensuite en français dans le *Recueil des rois de France*, avec une continuation qui s'arrêtait seulement à 1604. L'on doit encore au même auteur une édition en grec des Canons des Apôtres, et de treize conciles; l'évangile de saint Mathieu, en hébreu ; les œuvres de Lucifer de Cagliari, dédiées au pape Pie V ; l'exhortation à la pénitence de saint Pacien et les livres Carolins (1).

(1) Comme chacun le sait, on désigne ainsi les quatre livres que l'empereur Charlemagne fit faire, en 790, contre le deuxième concile de Nicée, et qu'il fit publier sous son nom, d'où vient l'appellation de livres *Carolins*.

L'édition donnée en 1549 par notre évêque, d'après un ancien manuscrit, sous le pseudonyme d'*Eli Phili*, est la première qui ait été livrée au public.

Jean du Tillet cessa d'exister le 18 novembre 1570 et fut enterré à Saint-André-des-Arts, dans la chapelle Saint-Jean-Baptiste, qui appartenait à sa famille. Trois semaines auparavant avait été inhumé, au même lieu, un frère aîné de notre évêque qui, comme lui, se nommait Jean, et auquel les lettres sont redevables, également, de plusieurs remarquables ouvrages.

Ce dernier, greffier en chef du Parlement de Paris, avait épousé Jeanne Brinon, dame de Pontillaud et de la Bussière, terre en Hurepoix qui fut successivement érigée en châtellenie, (1573), en baronnie (1585) et en marquisat (1679). Au commencement du XVIIIᵉ siècle elle appartenait encore à messire Charles du Tillet, chevalier, marquis de la Bussière, baron de Pontchevron, seigneur d'Adon, Pannes, Noyen, Mussy, Arablay, Spoy, Châteaudubois et autres lieux, conseiller du roi en tous ses conseils, maître des requêtes honoraire de son hôtel, et président au grand conseil.

C'est à ce personnage que le généalogiste Le Gris a dédié son apologie de la maison du Tillet.

Nous n'avons pas, jusqu'à présent, trouvé de sceau de l'évêque Jean du Tillet ; mais sur la reliure des livres de sa bibliothèque (1) on voit un écusson carré, écartelé aux 1ᵉʳ et 4ᵉ d'azur au chevron d'or accompagné de trois molettes d'or à cinq pointes ; aux 2ᵉ et 3ᵉ d'or à trois chabots de gueules (2), en pal, et sur le tout, d'or à la croix de gueules pattée et alaisée (3) ; l'écu posé sur une croix primatiale, surmonté d'une mitre, d'une crosse,

(1) *Armorial du Bibliophile*, par M. Joannis Guigard, Paris, 1870.
(2) Souvenir d'une alliance contractée en 1480 avec la maison de Chabot.
(3) Ce dernier écu représente les armes simples et particulières de la famille du Tillet, telles qu'elles sont gravées en tête de cette notice. Bien que dans les dictionnaires on trouve l'adjectif *alezé* imprimé ainsi, avec un *e* muet, nous préférons l'orthographe du président d'Hozier qui écrit *alaizé*, parce que ce terme héraldique, synonyme de *raccourci*, vient sans doute du vieux mot *alaisier*, faciliter, mettre à l'aise, c'est-à-dire ne pas faire toucher aux bords, aux flancs de l'écu. Blanchard, dans son ouvrage sur les *Maistres des requestes*, page 83, ne laisse plus d'incertitude à cet égard, sur le sens du mot, en disant que la croix de la famille Davy est *à l'aise* et non pas *alezée*.

d'un chapeau épiscopal, et soutenu par deux branches d'olivier passées en sautoir.

Le frère de notre savant prélat, Jean du Tillet, plaçait sur ses livres le même écu timbré d'une couronne de marquis.

La devise du président Charles du Tillet était : *Ni trop ni peu;* elle accompagnait les mêmes armes écartelées, ayant pour supports deux lions et pour cimier un autre lion.

Plusieurs branches de la famille du Tillet habitaient la Brie où sont situées les anciennes seigneuries de Gouaix, de Bouï, de Chalautre-la-Petite, de Chalmaison et de Saint-Sauveur, qui faisaient partie des domaines de cette maison. Maintenant, à l'exception de Bouï, qui sans doute était un fief et non pas une paroisse, tous ces villages dépendent de l'arrondissement de Provins.

Après la mort de Jean du Tillet, arrivée en 1570, ainsi qu'il a été dit, le Parlement remit l'évêque Louis de Brézé en possession du siége de Meaux, par un arrêt rendu en sa faveur, le 3 avril 1571, contre Jacques du Tillet, neveu du défunt, qui avait même déjà obtenu ses bulles de Rome.

102. Louis de Brézé, 1571. Ce prélat, sur l'origine duquel nous n'avons rien à ajouter, ayant obtenu le consentement du Chapitre de Meaux, fut donc appelé de nouveau à occuper le trône épiscopal de saint Faron. Hélas! ce n'était pas pour y jouir paisiblement d'un spectacle édifiant.

Aux attentats commis par les huguenots succédèrent bientôt, en effet, d'autres crimes dont se rendirent coupables de fort mauvais catholiques qui les nommèrent de *justes représailles,* car Meaux aussi eut sa Saint-Barthélemy.

Mais cela rentre plutôt dans l'histoire de la ville que dans celle des évêques. Contentons-nous donc de déplorer amèrement ces abominables excès, sans nous occuper des noms que donnaient à leurs bannières ceux qui les respectaient si peu.

Louis de Brézé, du reste, ne semble guère avoir quitté Paris depuis son retour du concile de Trente. Il y faisait, comme chancelier, partie du conseil de la Ligue, où un zèle extrême pour la religion l'avait fait entrer. Sa signature autographe, apposée près de celle de Renaud de Beaune, archevêque de Bourges, se trouve au bas du procès-verbal des délibérations de l'assemblée générale du clergé de France tenue à Paris, du 8 janvier au 12 mars de l'année 1588. L'on peut voir cette pièce historique au musée des Archives nationales; elle y est exposée sous le n° 734.

En 1588, aussi, fut fondée, à Fublaines, la maison des *Minimes* sous la direction d'un *Correcteur*. Cette communauté d'hommes alla s'établir à Crécy, en 1740.

Louis de Brézé, après une vie traversée par les plus bizarres événements, mourut à Paris, le 15 septembre 1589. Son corps fut ramené à Meaux et enterré le 23 avril suivant, dans un caveau, sous le chœur de la cathédrale.

C'est le premier évêque de Meaux qui ait ajouté à ses titres celui d'évêque par la grâce de Dieu *et du Saint-Siége apostolique*.

Sur sa pierre tumulaire posée par les soins de son successeur effectif, Jean de Vieupont, on pouvait lire :

« *Reverendissimi patris Ludovici episcopi clarissima Brezæorum familia, qui per triginta circiter annos calamitosis ecclesiæ ac regni temporibus pie et laudabiliter Meldensem rexit ecclesiam, cineribus hic sepultis ne tanti viri pereat memoria, monumentum hoc posuit Johannes de Vieupont, Meldensis etiam antistes, anno Domini 1618 et ab ejus obitu 29 (1).* »

(1) *Gallia Christiana, Ecclesia Meldensis*, tome VIII, page 1649.

7

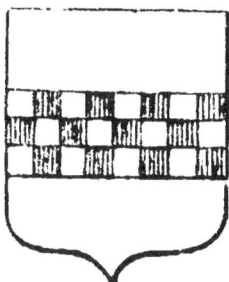

103. — ALEXANDRE DE LA MARCK, 1589 : *d'or à la fasce échi-quetée d'argent et de gueules de trois traits ;* fils d'Antoinette de la Tour et de Charles Robert de la Marck (1), qui se qualifiait comte de Maulévrier et de Braine, vicomte de Huissay, baron de Pontarey, de Mauny et de Sérignan, chevalier des ordres du Roi, capitaine des cent Suisses de la garde, prit le titre de duc de Bouillon après le décès de Charlotte de la Marck, sa nièce, et fut blessé au siége de Rouen en 1562.

Charles Robert de la Marck tenait de sa mère, Françoise de Brézé, le comté de Maulévrier, et avait pour père Robert de la Marck, duc de Bouillon, maréchal de France. Son fils Alexandre, abbé de Braine et d'Igny, qui fait l'objet de cette notice, en qualité d'évêque de Meaux, bien qu'ayant été nommé par le roi Henri IV, ne put jamais obtenir ses bulles.

Nous ne savons pourquoi Dom Toussaint Du Plessis, qui nous dit bien que l'évêque Alexandre était fils du comte de Maulévrier, à la vérité sans indiquer à quelle maison ce dernier appartenait, appelle notre prélat *Alexandre de la Marche* et non *de la Marck*, véritable nom de son illustre famille.

Cette maison doit pourtant ce beau nom au comté souverain

---

(1) Tableaux généalogiques de la maison de Bouillon au cabinet des manuscrits de la Bibliothèque nationale.

Le Père Anselme ajoute à la fasce échiquetée des la Marck *un lion issant de gueules, en chef ;* cependant, nous donnons au membre de cette maison, qui reçut le titre d'évêque de Meaux, les armes simples de sa famille, telles que les portent dans leurs quartiers d'alliances les rois de Prusse et de Saxe, regardant le *lion issant* en question comme une brisure, et n'ayant aucun motif pour supposer qu'A-lexandre de la Marck en chargeait son écu.

de la Marck, dans la basse Allemagne, et tire son origine des comtes d'Altène ou plutôt d'Altemberg, d'où sont sortis les ducs de Juliers et de Clèves.

Adolphe Ier, comte de la Marck, souscrivit en 1222 une charte de Henri, landgrave de Thuringe, roi des Romains. Suivant la notice d'Albert le Mire dès l'an 1328, deux frères, Adolphe et Evrard de la Marck, formèrent chacun une branche dont ils furent les souches.

C'est du second de ces seigneurs que descendait l'évêque de Meaux, aussi bien que le célèbre guerrier Guillaume de la Marck, communément appelé le *Sanglier des Ardennes*, qui fut décapité au mois de juin 1485.

104. — JEAN TOUCHART, 1594 ; *d'azur à la harpe d'or*. Natif du village d'Issy, près Paris, docteur en théologie, l'un des illustres maîtres dont le collége de Navarre se faisait gloire (1), ce prélat, qui avait été précepteur du cardinal de Bourbon (Charles X, le roi de la Ligue) et du cardinal de Vendôme, devint trésorier de la Sainte-Chapelle de Paris, et fut, comme abbé de Bellozane, en Normandie, le successeur presque immédiat de François Vatable, de Jacques Amyot et de Pierre Ronsard, trois célébrités de son temps.

Après avoir assisté aux Etats de 1596, l'évêque Jean Touchart mourut à Paris en 1597, le jour même où ses bulles arrivaient de Rome, et il fut enterré dans la Sainte-Chapelle.

(1) Jean de Launoy, *Regii Navarræ Gymnasii Parisiensis Historia. Parisiis,* M.DCLXXVII; *caput* LXXIX. *De Joanne Tuchardo.*

C'est sous son épiscopat, le 1er janvier 1594, que la ville de Meaux reçut le bon roi Henri IV, auquel elle se rendit la première, rachetant ainsi très honorablement pour elle son funeste attachement à la Ligue.

La veille de cet événement mémorable, rapporte le manuscrit de Lenfant, le dernier jour de décembre, les échevins accompagnés d'une vingtaine d'habitants, tous à cheval, allèrent trouver le Roi à Dammartin, et à peine furent-ils introduits au pied du trône, que, frappés de la majesté du Prince et tout interdits, ils ne purent faire autre chose que de se prosterner en silence, la face contre terre. Le Roi lui-même, touché de ce spectacle, ne put retenir ses larmes; il courut à eux, et les relevant avec bonté, il les assura que son cœur était saisi de joie en leur présence, qu'il voulait nommer leur ville *sa bonne ville de Meaux*, et les habitants *ses bons sujets. Je vous embrasse tous*, ajouta-t-il, en se penchant vers eux et en leur tendant les bras, *embrassez-moi aussi, vous m'avez été contraires et de mon côté je vous ai fait du mal ; je ne veux pas seulement oublier le passé; je vous ferai à l'avenir tout le bien que je pourrai.*

Le 24 mai 1595, jour de la Fête-Dieu, cet excellent prince vint de Monceaux à Meaux, assister à la procession générale du Saint Sacrement. Le dais fut porté par des gentilshommes, et les glands par Messieurs de Guise, d'Elbœuf et de Gramont. Le Roi retourna dans la soirée à Monceaux.

105.—FRANÇOIS DE LHOSPITAL, 1597 ; *de gueules au coq d'argent, crêté, becqué et membré d'or, ayant au col un écusson d'azur*

chargé d'une fleur de lys d'or (concession du roi Henri IV) ; fils de Françoise de Brichanteau de Nangis et de Louis de Lhospital, seigneur de Tancarville, baron, puis marquis de Vitry, capitaine de cinquante hommes d'armes, gouverneur de Fontainebleau, bailli, capitaine et gouverneur de Meaux, qui se rendit un des premiers à Henri IV et mourut à Londres, vers la fin de l'année 1611.

François de Lhospital ne tint l'évêché de Meaux qu'en commende, de sorte qu'il ne fut jamais sacré. Il le résigna, même, en 1602, ayant renoncé à l'état ecclésiastique, comme à l'abbaye de Sainte-Geneviève de Paris, dont on l'avait pourvu d'abord.

Bientôt les faveurs royales vinrent de nouveau le combler et lui rendre faciles ses débuts dans la carrière militaire. Nous devons dire ici que François de Lhospital, comte du Hallier, de Rosnay et de Beine, né en 1583, n'avait guère plus de quatorze ans, lorsqu'il fut nommé évêque, après avoir déjà été abbé, et qu'on lui comptait seulement cinq années de plus, quand il prit la résolution de changer de position..... En songeant à cet âge, comment s'étonner, vraiment, de voir un homme aussi jeune troquer la crosse épiscopale contre une épée ?

Simple cadet, n'était-il pas d'ailleurs naturellement destiné à l'Eglise, et ses parents, en le dirigeant ainsi, avaient-ils donc jamais pensé à autre chose qu'à leurs convenances de famille ?

Pour beaucoup de sujets, alors, le désir de profiter des bénéfices, qui semblaient l'apanage des maisons nobles et puissantes, devait être regardé comme une vocation suffisante ; on comptait sans doute sur les grâces d'état.

Quoi qu'il en soit, devenu à son tour bailli et gouverneur de Meaux, seul lieutenant général en Champagne et Brie, François de Lhospital fut fait capitaine des gardes du corps ; puis, s'étant signalé durant les guerres contre les protestants, aussi bien qu'en mainte autre occasion, il devint maréchal, duc et pair de France, ministre d'Etat, chevalier des ordres du Roi et gouverneur de Paris.

L'ex-évêque de Meaux, le maréchal de Lhospital, ainsi qu'on le nommait, mourut à Paris le 20 avril 1660 et fut enterré à Saint-Eustache.

M. Th. Lhuillier, dans ses consciencieuses *Recherches sur la famille Lhospital-Vitry* (1), ajoute à ce sujet : « La ville de Meaux lui éleva dans la cathédrale une colonne de marbre noir avec base et chapiteau en bronze ; une urne de bronze doré qui la surmontait renfermait le cœur de cet ancien évêque et gouverneur de la ville, dont la mémoire était honorée dans une inscription latine sur marbre noir. Ce monument, déplacé en 1722, a disparu depuis. »

Le même auteur restitue à ce personnage le nom de François qui, selon lui, était le sien. « Tallemant, dit-il, se trompe quand il attribue l'évêché de Meaux à Nicolas de Lhospital, et dom Duplessis, que plusieurs écrivains ont copié depuis, donne à tort le prénom de Louis à François de Lhospital. On a également écrit par erreur *L'Hopital.* »

Sa maison, sortie de celle de *Galluccio*, comme les ducs de Tora, florissait dès l'an 1163 dans le royaume de Naples.

Jean de Galluccio passa en France vers le milieu du xivᵉ siècle et prit le nom de Lhospital, parce qu'un de ses parents, François de Lhospital, en le mariant avec Jeanne Braque, dame de Soisy-aux-Loges, le fit son héritier universel, à condition qu'il porterait son nom et ses armes seuls, ainsi que nous l'apprend La Chesnaye-des-Bois, dans son *Dictionnaire généalogique.* La première de ces obligations fut sans doute uniquement observée et encore jusqu'en 1748, époque à laquelle Paul de Lhospital, marquis de Vitry, obtint, par lettres patentes, la permission de relever le nom de Galluccio ; car, les armoiries de nos Lhospital, étant composées d'un *coq,* semblent être des *armes parlantes* se rapportant à *Galluccio,* et nous serions surpris qu'elles aient appartenu à François de Lhospital, celui qui adopta Jean de Galluccio.

Cependant, le Père Anselme parle bien d'une quittance de trois cent vingt-huit livres, six sols, six deniers tournois, donnée par ce Lhospital, clerc des arbalétriers du Roi, à Thot-Guy, receveur de Flandre, en 1329 (2), et il ajoute qu'elle était scellée d'un sceau en cire rouge représentant un *coq.*

S'il n'y a pas là une erreur, la coïncidence, au moins, est bien singulière, on en conviendra.

(1) *Revue historique nobiliaire.* Mars 1870, page 105.
(2) *Histoire généalogique de la maison de France,* tome vii, page 432.

Quant à Jean dit de Lhospital, naturalisé français en 1349, son écu, entouré d'une *bordure engrêlée*, était aussi chargé d'un *coq*, ainsi que nous le dit encore le Père Anselme, sans donner aucune explication à ce sujet.

Les ancêtres des marquis de Lhospital, ducs de Vitry s'étaient fixés dans les environs de Melun, dès le xiv° siècle. Grâce à l'intéressante publication déjà citée plus haut (1), il est facile de voir sur combien de terres, situées en Brie, différents membres de cette famille exercèrent des droits seigneuriaux. La nomenclature de tous ces fiefs et châteaux nous paraît même trop longue pour la donner ici.

Fidèle à notre usage, on trouvera seulement les armes simples des Lhospital gravées en tête de cette notice ; toutefois, nous devons toujours décrire et blasonner ainsi l'écu de François de Lhospital, tel qu'il le portait, suivant le catalogue des chevaliers de l'ordre du Saint-Esprit : *écartelé, au 1ᵉʳ d'azur semé de fleurs de lys d'or au lambel de gueules*, qui est d'Anjou ; *au 2ᵉ d'or à 4 pals de gueules*, qui est d'Aragon ; *au 3ᵉ d'azur à six besants d'argents, 3, 2 et 1*, qui est de Brichanteau ; *au 4ᵉ de gueules à la croix ancrée de vair*, qui est de la Chastre ; *sur le tout*, de Lhospital, c'est-à-dire, *de gueules au coq d'argent, ayant au col un écusson d'azur chargé d'une fleur de lys d'or.*

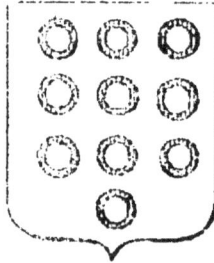

106. Jean de Vieupont (2), 1602; *d'argent à dix annelets de*

(1) *Recherches sur la famille Lhospital-Vitry*, par M. Th. Lhuillier *Revue historique nobiliaire*. Mars, 1870, page 97.
(2) Cet évêque écrivait son nom sans x ; cependant il était bien de la maison de Vieux-Pont, connue en Normandie depuis le neuvième siècle, ainsi que nous l'avons prouvé plus haut.

gueules posés 3, 3, 3 *et* 1 ; fils de Madeleine de la Bertherie et de Guillaume de Vieuxpont, seigneur de Chailloué, Morteaux et Mésai, de la branche formée par Yves de Vieux-Pont, seigneur de Courville et de Chailloué, tué à la bataille d'Azincourt en 1415, qui avait épousé Blanche d'Harcourt et descendait d'un premier seigneur de Vieux-Pont, du nom d'Yves, vivant en 880.

Robert et Robinet de Vieux-Pont faisaient partie de la première croisade (1096 à 1145) (1).

« Robert de Vieux-Pont, dit l'auteur du texte officiel des *Galeries historiques du Palais de Versailles* (2), avait accompagné Tancrède à la Terre-Sainte. Attaché à la fortune de ce célèbre guerrier, il le suivit dans la principauté d'Antioche, à l'époque où le commandement lui en fut confié, et Albert d'Aix, qui le qualifie de *chevalier illustre et infatigable*, raconte *qu'il était sans cesse occupé à dévaster à main armée le territoire des Gentils.* »

« L'an 1190, les Turcs menaçant la ville d'Antioche, Robert de Vieux-Pont fut un des premiers qui volèrent au secours de Tancrède. Quelques années plus tard le prince Roger, qui avait succédé à Tancrède dans la principauté d'Antioche, fut surpris dans les champs de Sarmatani ou Sardone par les infidèles qui le massacrèrent, ainsi que presque toute son armée. Robert de Vieux-Pont, qui s'était éloigné dès le matin pour fourrager dans les campagnes, porta cette triste nouvelle à Antioche, suivant le récit d'Orderic Vital. »

« Ses armes étaient, selon l'armorial de Goussencourt, *d'argent semé d'annelets de gueules.* »

Sur un rôle de 1214 (3), parmi les chevaliers du Perche (*Milites Pertici*), figure un représentant ou héritier de Vieux-Pont (*Heres de Veteriponte*).

Jean de Vieux-Pont, mari de Jeanne de Vendôme, rendant aveu de sa terre de Courville, en 1308, déclare, dans cet acte, *qu'il ne peut donner son aveu ample et par le menu, comme il le doit, d'autant que les anciens aveux et titres de sa maison furent*

(1) *Musée de Versailles* ; Gauthier le Chancelier, etc.
(2) T. VI, page 266.
3) La Roque, *Traité du ban et arrière-ban. Anciens Rolles*, page 8.

brûlés au lieu de la forêt où son père faisait demeure, au temps de la chevauchée et course que fit feu Monsieur Philippe de Novarre et ses complices (1).

Enfin, après la glorieuse journée du 13 septembre 1589, le vainqueur d'Arques, au moment de pénétrer dans l'enceinte du château de Vieuxpont, aurait dit, en s'arrêtant sur le pont-levis : *Je suis ferme sur ce vieux pont!* et ces paroles seraient devenues un nouveau titre d'honneur pour la loyale et chevaleresque famille qui méritait si bien la confiance du bon roi Henri.

Treize ans s'étaient écoulés depuis la mort de Louis de Brézé, le dernier évêque de Meaux sacré, lorsque Jean de Vieupont vint prendre possession de son diocèse.

L'entrée solennelle de ce prélat se fit à Meaux, le 9 février 1603 ; on remarqua qu'il ne fut pas porté par les quatre grands vassaux de l'évêché, comme c'était l'usage (2). Jean de Vieupont avait été sacré sept jours auparavant dans l'abbaye de Sainte-Geneviève, de Paris, par le cardinal Pierre de Gondy, assisté des évêques de Beauvais et de Bayeux. Alors, il était déjà prieur de Saint-Martin, près Mantes, chantre et chanoine de l'église cathédrale de Seez, abbé de Saint-Jean de Falaise, aumônier du Roi et conseiller d'Etat.

Le 2 avril 1596, Jean de Vieupont avait assisté à l'assemblée du Clergé, où il s'opposa, avec les prélats, à l'édit du Roi au sujet de la vente et de l'érection en titre d'office héréditaire des greffes des insinuations ecclésiastiques.

C'est à ce vertueux pasteur que l'on doit la réédification et la dédicace de plusieurs églises du diocèse de Meaux ; il s'occupa aussi de la réforme de beaucoup de monastères.

Le commencement de son épiscopat avait été marqué par la fondation, en 1603, d'un collége appelé le *Mont-de-Piété*, près du parc de Coupvray et destiné suivant le vœu de la pieuse fondatrice, la princesse de Guéménée (Françoise de Laval), à l'éducation de six pauvres enfants de Coupvray et des paroisses voisines.

En 1614, Jean de Vieupont assista comme représentant du

(1) La Chesnaye des Bois, *Dictionnaire généalogique,* t. III, p. 442.
(2) *Histoire de l'Eglise de Meaux,* t. I, p. 420.

clergé de Meaux, aux Etats-Généraux tenus à Paris. Durant les années 1617 et 1621, ce prélat introduisit les capucins dans son diocèse, à Meaux et à Coulommiers, et en 1622, fut établie à Crégy, sous la direction d'un prieur, la maison des Carmes déchaussés.

Cette même année vit l'église de Paris érigée en métropole, et, par suite de ce changement, le diocèse de Meaux, après avoir été détaché de l'archevêché de Sens, devenir suffragant de Paris, comme cela subsiste toujours depuis cette époque (1622).

Jean de Vieupont mourut dans son palais épiscopal le 16 août 1623, et fut inhumé dans le chœur de la cathédrale de Meaux, du côté de l'Epître, auprès de Jean de Pierreponi, l'un de ses prédécesseurs.

107. JEAN DE BELLEAU, 1624; *d'hermine à deux fasces de gueules*; né à Lisieux en 1590, fils de Geoffroi, seigneur de Belleau, au pays d'Auge, et de Charlotte de Vieupont, sœur du précédent évêque.

La famille de Belleau, qui possédait les seigneuries de Saint-Paul, de Bouillonné, du Parc, de la Jumelière, etc., en l'élection de Lisieux, avait été maintenue dans sa noblesse en 1462.

Au siècle dernier, Pierre-François de Belleau de Saint-Paul figurait à l'Assemblée de la noblesse du bailliage d'Orbec, en 1789. •

Jean de Belleau était déjà chanoine de Meaux lorsqu'il fut sacré, en 1624. Sa prise de possesion personnelle n'eut lieu néanmoins que le dimanche de la Quinquagésime de l'année 1626 (22 février).

Animé d'un zèle exemplaire , notre évêque continua , et non sans beaucoup de peine, l'œuvre de réforme qu'avait commencée son véritable oncle.

La moins importante, sans aucun doute, mais peut-être la plus curieuse, à un certain point de vue, fut celle du costume des chanoines de la cathédrale , qui portaient alors des habits courts et de grandes moustaches (1).

Sous l'épiscopat de ce prélat , mort le 6 août 1637 et enterré dans le chœur de la cathédrale , près de son prédécesseur. eut lieu, en 1629, à La Ferté-Gaucher, la fondation d'un monastère de chanoinesses régulières , dont Françoise de Longuejoue, marquise de Monglat , dame de La Ferté-Gaucher et gouvernante des Enfants de France, fit tous les frais.

Neuf ans plus tard, les religieuses de l'abbaye d'Ormont, qui, à la suite d'une invasion en Champagne des troupes du duc de Brunswick et du comte de Mansfeld , s'étaient réfugiées à Reims , vinrent se fixer à Meaux , où , grâce aux soins et à la générosité de M. de la Vieuville, elles purent s'établir près du grand Marché, sur l'emplacement occupé actuellement par le quartier de cavalerie. On nomma cette maison l'abbaye de Notre-Dame.

En 1631 , une communauté de chanoines réguliers de l'ordre de la Sainte Trinité fut chargée, par le prince et la princesse de Guéménée, de diriger le petit collége appelé le Mont-de-Piété, à Coupvray.

En cette même année s'effectua, aussi, l'installation des dames de la Visitation, au faubourg de Chaâge, à Meaux, sur un emplacement devenu maintenant une propriété particulière, connue toujours sous le nom de *Sainte-Marie*, et où l'on dis-

(1) *Histoire de l'Église de Meaux*, tome 1er, Page 448. Dom Toussaint Du Plessis ajoute: « Le Prélat fit des règlements, en 1634, pour rapprocher ces Éclésiastiques de la bienséance cléricale. Ce ne fut pas néanmoins sans contradiction. Quelques chanoines ne tinrent aucun compte de ses règlements : mais, l'année suivante, il les interdit de la communion Paschale, jusqu'à ce qu'ils se fussent rangés à leur devoir. »

ingue encore, au-dessus de la grande porte de la maison, des
races d'écusson représentant les armoiries des religieuses de
a Visitation.

Actuellement, cet établissement claustral occupe les restes
les anciens cloîtres de l'abbaye des chanoines réguliers de
Sainte-Geneviève, ou religieux de Notre-Dame-de-Chaâge, et
c'est là, comme au premier jour, près de son lieu de création,
que les pieuses Visitandines meldoises sont revenues instruire
et prier, pour y perpétuer sans doute le souvenir de leur fondatrice, Françoise Simon, veuve de Jacques Amaury, receveur
du taillon de Meaux, qui avait eu le bonheur de pouvoir se
placer sous la direction de saint François de Sales, durant son
séjour à Paris, en 1618 et 1619.

Enfin, en 1633, les religieux de Marmoutier cédèrent le
prieuré de la Celle à des Bénédictins anglais, qui y établirent
une maison conventuelle; et, toujours avec le consentement de
l'évêque Jean de Belleau, se fit la translation du prieuré de
Montdenys à Crécy. Ce nouveau monastère reçut alors le nom
de la *Crèche de Jésus.*

108. DOMINIQUE SÉGUIER, 1637; *d'azur au chevron d'or accompagné, en chef, de deux étoiles du même et en pointe d'un mouton
d'argent, passant;* fils de Jean Séguier, seigneur d'Autry et de
Sorel, conseiller au Parlement, maître des requêtes et lieutenant civil au Châtelet, à Paris, époux de Marie Tudert de la
Bournalière (1), et frère de Pierre Séguier, chancelier de

(1) La famille Tudert, originaire du Poitou, a donné un premier
président au Parlement de Bordeaux, et, dans la personne de Jean
Tudert, un évêque, comte de Châlons, que le roi Charles VII em-
ploya au traité d'Arras, et qui mourut en 1439.

France, en faveur duquel la baronnie de Villemor fut érigée en duché par lettres patentes du mois de janvier 1650.

Il existe au Cabinet des médailles de la Bibliothèque nationale un magnifique médaillon d'or (75 millimètres) fabriqué en 1633, lorsque Pierre Séguier fut nommé garde des sceaux. On y lit autour du buste : PETRVS SEGVIER EQVES FRANCIÆ NOMOPHYLAX ; au revers, la Justice et la Piété avec cette légende : CONVENIVNT CERTANTQVE SIMVL. 1633.

On connaît d'autres médailles de divers métaux réprésentant le même personnage, et d'une date postérieure.

— PETRVS SEGVIER FRANCIÆ CANCELLARIVS. Buste à droite, sans revers. (8 centimètres).

— PETRVS SEGVIERIVS FRANCIÆ CANCELLARIVS. Buste à droite, sans revers. (9 centimètres).

— PET. SEGVIER. FRANCIÆ CANCEL. DVX VILLE-MORT. Buste à droite. Revers : HIC OMNIA IVRE RESOL-VIT. 1663. — L'agneau pascal couché sur le livre des Evangiles. (55 millimètres).

Suivant Lainé (1), le nom de la grande famille parlementaire à laquelle appartenait notre évêque, d'excellente mémoire, viendrait du mot *Ségui*, qui, dans le vieux langage languedocien, signifie *mouton*. Cette étymologie s'accorderait très-bien avec les armes *parlantes*, alors, des Séguier.

Au musée de Versailles figure un écu chargé d'armoiries attribuées à Guillaume Séguier, qui prit part à la septième croisade.

Cet écu est *parti, au premier, de gueules à la coquille d'argent, au deuxième*, comme il est représenté en tête de notre notice : *d'azur au chevron d'or accompagné en chef de deux étoiles du même, et, en pointe, d'un mouton d'argent, passant.*

« Déjà, à la première croisade, en 1096, ajoute l'auteur du texte officiel des *Galeries du palais de Versailles* (2), Séguier-

(1) *Dictionnaire véridique des maisons nobles de France*, tome II, page 396.

(2) Tome VI, deuxième partie, page 322.
On voit effectivement dans l'*Histoire du Languedoc*, par Dom Vaissète, tome V, planche VI, après la page 685, le sceau d'un Pierre

guier avait suivi la bannière du comte de Toulouse, comme prouve un passage des cartulaires de l'abbaye de Moissac ; ais les variations successives survenues dans le blason de tte famille n'ont pas permis d'attribuer au chevalier de ce m des armes certaines, à une époque aussi reculée.

« Quant à Guillaume, tout en lui donnant les armoiries de branche à laquelle il appartenait, il a fallu y joindre celles i sont gravées sur un sceau émané de Pierre de Séguier, rs l'an 1153, et reproduit par D. Vaissète, aux preuves de l'istoire du Languedoc. »

Sans discuter la question du rapprochement à établir entre s chevaliers du nom de Séguier et les célèbres magistrats qui ustrèrent si noblement ce même nom, — que leur origine it différente ou commune, — c'est assurément le cas d'apiquer ici le cedant arma togæ de Cicéron ; car, en France, le urage civil, dont ces derniers ont donné tant de preuves, a ujours été plus rare que le courage guerrier, inhérant au ng national. Celui-ci, en effet, consiste à lutter contre les ngers ; l'autre, le caractère, cherche constamment et parvient uvent à triompher des obstacles.

Maintenant, si Etienne Séguier, natif de Saint-Pourçain-en-urbonnais, et qui mourut en 1465, est l'auteur reconnu des anches de cette famille qui subsistent de nos jours, Gérard guier est le premier de sa Maison qui vint s'établir à Paris, le roi Louis XI le fit conseiller au Parlement, vers 1469. Il ait fils d'Artaut Séguier, seigneur de Saint-Geniez, et avait

guier, extrait d'un acte de 1250 environ. Il porte l'empreinte d'une quille. La différence de date tient sans doute à une faute d'im-ession dans l'ouvrage offic iel.

Au commencement du siècle actuel, lorsque M. le premier prési-nt Séguier reçut le titre de baron de l'Empire, ses armes furent glées ainsi : *Coupé, le premier parti d'argent à une coquille de gueules, rmontée d'une croisette de même, et du quartier de baron pris dans conseil d'état, (échiqueté d'or et de gueules); le deuxième, d'azur au evron d'or accompagné, en chef, de deux étoiles du même et, en pointe, un mouton d'argent, passant* (Henri Simon, *Armorial général de l'Empire ançais*. Paris, M.DCCCXII ; tome II, page 61.) Malgré l'interversion s couleurs, il est certain que, dans la composition de cet écu, la quille avait été ajoutée aux armes ordinaires de la famille Séguier, mémoire du sceau mentionné plus haut, comme la petite croix ait là pour rappeler les croisades.

épousé Marguerite de Vaudetar, issue des vidames de Trilbardou près Meaux.

En s'en rapportant à Blanchard, Gérard Séguier serait le quatrième aïeul de l'évêque Dominique Séguier.

Durant le mois d'octobre 1645, ce prélat avait établi le séminaire au lieu où il est encore à présent et où, dès le 1er janvier
suivant, une fusion s'opéra avec le collège fondé en 1556, dans
la rue Poitevine, sur l'emplacement actuel de cet établissement
communal.

Trois ans plus tard (1618), cette dernière maison, rendue
maintenant à sa destination primitive, fut occupée par des
religieuses Ursulines qui vinrent s'y installer sous la direction
de Madame de Champlain, et cette fondation reçut la sanction
épiscopale à la condition que lesdites dames Ursulines, qui lais-
sèrent leur nom à la rue qu'elles avaient habitée, enseigneraient
gratuitement toutes les jeunes filles riches ou pauvres qui se
présenteraient, sans distinction.

Ainsi qu'il est aisé de s'en convaincre, nos vénérables pasteurs meldois ne redoutaient pas le progrès ni la diffusion des
lumières ; tous leurs efforts tendaient au contraire à les répandre,
aussi bien parmi les ecclésiastiques que parmi les laïques, dans
les villes comme dans les campagnes.

Pour les premiers (1652), l'évêque Dominique Séguier insti-
tua des conférences et ordonna à tous les curés de son diocèse
de se réunir deux fois par mois dans chaque doyenné rural.
Pour les autres (1641), il obtint du roi Louis XIII la cession du
château de Crécy et quatre mille livres de revenu destiné à
l'entretien de huit prêtres et de dix frères de la congrégation de
la Mission chargés de faire connaître à tous, grands et petits,
la parole de Dieu.

Les guerres de la Fronde vinrent encore ravager les cou-
vents de son diocèse ; mais suivant les sages conseils de leur
digne évêque, les habitants de Meaux restèrent cette fois
fidèles au Roi.

Esprit délicat et digne appréciateur des chefs-d'œuvre de tous
les genres, ce prélat savait noblement encourager les vrais ar-
tistes. Nous en avons plus d'une preuve. C'est à Dominique
Séguier, par exemple, qu'on doit le charmant manuscrit exécuté

pour lui — cela est écrit — par N. Jarri, en 1633, sous le titre de *Præparatio ad Missam*. Ce remarquable ouvrage composé de 64 feuillets, est orné d'une très-belle miniature représentant saint Dominique, patron de notre évêque, agenouillé devant la Sainte-Vierge.

Avant d'appartenir à l'amateur distingué (1) qui le possédait naguère, ce manuscrit de Jarri faisait partie de la bibliothèque de Madame la duchesse de Berry.

Sur la reliure, en maroquin rouge, se trouvent les armes des Séguier surmontées d'une mitre et d'une crosse sommées d'un chapeau épiscopal, sans couronne héraldique.

Ce prélat, qui s'occupa beaucoup de l'embellissement du palais épiscopal et de l'intérieur de la cathédrale de Meaux, mourut à Paris le 16 mai 1659; mais son corps fut apporté à Villenoy avant d'être transféré à Meaux, où ses obsèques eurent lieu avec une grande pompe, en présence de M. de Ligny, son successeur, assisté des évêques de Condom, Senlis, Comminges et la Rochelle. Un célèbre prédicateur nommé Jacques Birost, moine Bénédictin, prononça l'oraison funèbre. Les dépouilles mortelles de ce bon pasteur furent enterrées dans le sanctuaire de la cathédrale, auprès de l'autel, du côté de l'épître; toutefois, en 1725, on plaça la pierre tombale de Dominique Séguier dans la chapelle de la Sainte-Vierge, et en 1755 elle fut reportée dans celle dite de saint Jean l'Evangéliste, d'où elle a été enlevée dernièrement par suite des travaux exécutés aux frais du gouvernement. Nous ignorons quel sort on lui réserve maintenant.

D'abord abbé de Saint-Jean d'Amiens, Dominique Séguier était en même temps conseiller au parlement et doyen de l'église de Paris. Devenu premier aumônier du Roi, il fut sacré archevêque de Corinthe, occupa six ans le siège d'Auxerre, et passa ensuite à l'évêché de Meaux en 1637. C'est lui qui administra le baptême à Louis XIV le 21 avril 1643 (2).

Le 31 décembre 1646, il reçut le cordon bleu, pour être l'un des prélats de l'ordre du Saint-Esprit.

(1) M. Paradis, mort récemment à Nice.
(2) Ce prince avait été ondoyé à Fontainebleau, le 5 septembre 1638, jour de sa naissance.

Le nom de Dominique Séguier est gravé sur la liste des bienfaiteurs de l'Hospice de Meaux.

Au bas d'une pièce autographe de notre collection, on peut lire *Séguier*, et non *Dominique, év. de Meaux*, contrairement à l'usage adopté par l'épiscopat.

Une autre dérogation aux habitudes anciennes, mais toutes locales cette fois, doit être mentionnée ici.

On se rappelle que les évêques de Meaux, portés par leurs vassaux depuis Saint-Père de Cornillon jusqu'à la Cathédrale, faisaient toujours leur entrée par le grand Marché. Le jour de son arrivée à Meaux, Dominique Séguier, venant, sans doute, de Paris par un chemin abandonné maintenant, fut reçu, lui, d'un autre côté ; ainsi que le rapporte, en ces termes, un curieux manuscrit (1) qui nous a été communiqué par l'éditeur de la *Semaine Religieuse* de notre diocèse.

« Le 9 avril 1639, M. Séguier, évêque de Meaux, a fait son entrée à Meaux. La bourgeoisie, sous les armes, alla au devant de luy jusqu'au ru de Planche, près le Martroy-Chauconin ; de là il fut conduit jusqu'en l'Evêché, tambours battants. Pendant ce chemin, la grosse cloche de la tour fut toujours sonnée. Il fut reçu à la porte Saint-Remi par le Lieutenant-général et les Echevins ; après qu'il fut entré, le chapitre, le présidial, l'élection et le grenier-à-sel, le complimentèrent et lui portèrent le pain et le vin. »

109. DOMINIQUE DE LIGNY, 1659 ; *d'azur au chevron d'or, ac-*

(1) Il est intitulé : *Entrées des rois, princes, princesses et grands seigneurs de France, à Meaux, et leur réception en ladite ville.*

compagné en chef de deux étoiles, et en pointe d'une rose, le tout d'or ; fils de Charlotte Séguier et de Jean de Ligny, seigneur de Grogneul, reçu conseiller au parlement de Paris le 23 août 1607, maitre des requêtes en 1613, et le frère de Catherine de Ligny, mariée à Philippe de Castille, seigneur de Chenoise, écuyer des rois Henri III et Henri IV, grand maréchal-des-logis des rois Louis XIII et Louis XIV, qui mourut en odeur de sainteté en 1650 (1).

Ce Jean de Ligny, lequel était si grand joueur qu'il fut réprimandé par le premier président de Harlay, à l'occasion d'une perte de 10,000 écus au *Francarreau* et à la *Paulme* (2), avait pour père Jean de Ligny, seigneur de Rantilly, secrétaire du Roi, receveur des consignations et trésorier des parties casuelles, auteur reconnu de la famille de Ligny.

Dominique de Ligny, seigneur de Marcilly, d'abord grand-maitre des eaux et forêts, dont la nièce avait épousé le prince Antoine Egon de Furstenberg, ne se fit pas prêtre très-jeune; mais, ayant embrassé la carrière ecclésiastique, il devint abbé de Saint-Jean d'Amiens, et son oncle, l'évêque de Meaux, lui donna un canonicat dans sa cathédrale. En 1657, les chanoines l'élirent même doyen de leur chapître et, deux ans après, nommé coadjuteur de Dominique Séguier, sous le titre d'évêque de Philadelphie, il fut sacré à Paris, le 3 mars 1659, dans l'église de la maison professe des Jésuites, par l'évêque de Chartres, assisté des évêques de Rhodez et de Condom (3).

Le fond du caractère de ce prélat était empreint d'une extrême douceur, mais de celle que donne seulement la sérénité de l'âme, et qui laisse sentir la force et l'énergie; il fit bien voir qu'il possédait ces dons si précieux dans un administrateur, lorsque

(1) *Notice historique et descriptive sur la cathédrale de Meaux,* page 41, première édition. Ce seigneur était le père du jeune chevalier Philippe de Castille dont on peut admirer la belle statue de marbre blanc dans la cathédrale de Meaux. Erigé par l'amour paternel, en 1627, ce monument remarquable, placé d'abord dans l'église du couvent de la Merci, à Chenoise, près Provins, fit partie du musée des monuments français, avant d'être envoyé à Meaux vers 1817.

(2) *Parlement de Paris,* manuscrit de la Bibliothèque nationale, tome III, page 636.

(3) *Histoire de l'Eglise de Meaux,* tome 1er, page 459.

quelques abbesses de son diocèse voulurent porter atteinte à la juridiction épiscopale; la plupart virent alors, un peu tard pour leur honneur, que l'esprit d'humilité est le seul qui convienne aux nonnes, et qu'un évêque, pour être un père, n'en doit pas moins toujours rester un supérieur.

Après avoir fait de nombreuses libéralités, Dominique de Ligny mourut le 27 avril 1681 et fut enterré dans le sanctuaire de la cathédrale de Meaux, à côté de son vénérable oncle Séguier; mais, actuellement, les pierres tombales de ces évêques, retirées de la chapelle de Saint-Jean l'Evangéliste, où elles se trouvaient en dernier lieu, attendent une destination qui nous est inconnue.

Il serait à souhaiter qu'on les fixât, comme la tombe de Jean Rose, aux parois d'une chapelle, de façon à les préserver du contact des pieds.

Cherchant par devoir à donner de l'occupation aux ouvriers, ce généreux pasteur avait transformé la demeure de ses prédécesseurs, à Germigny, en un véritable palais. Ces dépenses-là, seulement, dépassaient cinquante mille écus, disent les mémoires du temps.

Toutefois, un aussi noble emploi de sa fortune ne l'empêcha pas de tester encore en faveur d'un grand nombre d'établissements charitables, et c'est avec justice que l'administration des Hospices de Meaux a fait graver le nom de Dominique de Ligny parmi ceux des bienfaiteurs des pauvres.

Sous son épiscopat, sans parler de l'institution des dames de charité, dont l'assemblée, à Meaux, se tenait les premier et troisième jeudis de chaque mois; plusieurs fondations eurent lieu : en 1694, celle de la maison des *filles charitables*, à Crécy; en 1676, l'établissement, à Meaux, d'un hôpital général pour les vieillards et les enfants malheureux. L'Hôtel-Dieu, qui a été réuni à l'Hôpital en 1845, existait bien antérieurement au dix-septième siècle : son origine remonte aux temps les plus reculés, et ses biens, en grande partie, provenaient des *Maladreries* et *léproseries* de Saint-Lazare qui les avaient reçus des anciens comtes de Champagne et de Brie.

Enfin, en 1677, Madame Courtin de Tauqueux eut la bonne pensée de fonder, à la Ferté-sous-Jouarre, un couvent de Miramionnes qui, dès le premier jour de l'ouverture de ses classes, réunissait deux cents jeunes filles.

Le sceau de Dominique de Ligny, plaqué sur une autorisation relative à l'abbaye de Faremoutiers (1), Paris, 18 juillet 1678, est de forme elliptique (35 millimètres) et représente un écu carré écartelé aux 1er et 4e *d'azur au chevron d'or accompagné en chef de deux étoiles et, en pointe, d'une rose, le tout d'or*, qui est de Ligny ; aux 2e et 3e, *d'azur au chevron d'or accompagné, en chef, de deux étoiles du même et, en pointe, d'un agneau d'argent, passant*, qui est Séguier ; l'écu surmonté d'une mitre à dextre, d'une crosse à senestre, sommées d'un chapeau épiscopal ; sans couronne héraldique ; légende complétement effacée.

Les biographes font connaître un François de Ligny, jésuite, né à Amiens en 1709 et mort en 1788 à Avignon où il vécut après la suppression de son ordre ; mais, nous ignorons s'il appartenait à la famille de l'évêque de Meaux du même nom. Ce révérend père, à ce qu'il paraît, obtint des succès comme prédicateur et composa des ouvrages fort répandus, entre autres la *Vie de saint Ferdinand, roi de Castille et de Léon*, et une *Histoire de la vie de Jésus-Christ*, en trois volumes in-8°.

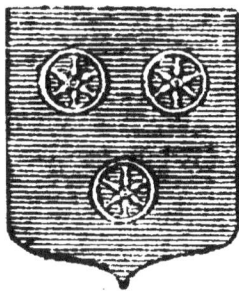

110. Jacques-Bénigne Bossuet, 1681 ; *d'azur à trois roues d'or, posées 2 et 1* ; né à Dijon, le 27 septembre 1627, fils de Bénigne Bossuet, conseiller au parlement de Metz, et de Madeleine Mochet, (2) d'une famille très-distinguée de Bourgogne.

(1) Collection de M. Alexandre Le Blondel.
(2) Elle était fille de Claude Mochet, seigneur d'Azu, dans le Charolais, qui se signala à la journée d'Arques et joua un rôle impor-

Dans les registres de la Chambre des comptes de Dijon, on trouve, dès l'an 1461, Perrin Bossuet employé à l'état de la maison de Philippe le Bon ; et c'est une tradition parmi les Bossuet, dit l'abbé Le Dieu (1), qu'ils descendent d'un maître d'hôtel de l'un des derniers ducs de Bourgogne. « Ils sont sortis de la ville de Seurre ou Bellegarde (2) ; l'on y voit encore aujourd'hui, ajoute le même écrivain, leurs armes sur un ancien hôtel de cette ville nommé, en de vieux titres, *la grande maison des Bossuet*, proche de l'Estaple (3). Ces mêmes armes écartelées de celles des Berbis (4) paraissent aussi en pierre sur la clef d'une voûte et dans une des vitres de la principale église de ce lieu et au village de Lobergemont, près de Seurre. »

Toutefois, l'auteur reconnu de la famille Bossuet est Antoine Bossuet, l'un des deux auditeurs extraordinaires des comptes à Dijon, en 1553, bisaïeul de l'évêque de Meaux, et mari de Jeanne Richard de Béligny.

L'on connaît plusieurs jetons représentant les armes des Bossuet et frappés à Dijon au XVIIᵉ siècle.

Le plus ancien est de 1613 et porte le nom de J. (*Jacques*) BOVSSVET, C. (*conseiller*) EN PARL. (*parlement*) VICOMTE MAIEVR DE DIJON, avec cette devise : CADENS RESVRGIT MAJOR. Un autre jeton du même maïeur (1614) a pour devise : REBVS INEST VELVT ORBIS. Un troisième, frappé en 1647,

tant parmi les hommes dévoués à la cause royale. Le fief d'Azu appartint au père de l'évêque de Meaux, puis à son frère, Antoine Bossuet, qualifié sieur d'Azu, père de l'évêque de Troyes.

(1) *Mémoires et journal sur la vie et les ouvrages de Bossuet*, publiés par l'abbé Guettée, auteur de *l'Histoire de l'Église de France*, Paris, Didier 1856. Tome 1ᵉʳ, page 2.

(2) La petite ville de Seurre, située sur la Saône, à 3 lieues au-dessous de Saint-Jean-de-Losne, étant devenue le chef-lieu d'un duché-pairie, érigé en septembre 1619 pour M. de Bellegarde (Roger de Saint-Lari), perdit son ancien nom et prit, pour ne plus le quitter, celui sous lequel ce Seigneur était connu. Le mois précédent, un semblable changement avait eu lieu par suite d'une pareille érection, et la ville de Maillé, en Touraine, s'était vu imposer le nom de Luynes.

(3) *Estaple*, Marché. (Dom Carpentier, supplément au glossaire de Ducange, au mot : *Estapla*.)

(4) Les armes de cette famille parlementaire de Dijon étaient : *D'azur au chevron d'or accompagné en pointe d'une brebis d'argent.*

au nom de C. (*Claude*) BOSSVET C. (*conseiller*) EN PARL. (*parlement*) VIC. (*vicomte*) MAIEVR DE DIJON, est chargé de ces mots : CVRRVNT EXEMPLO MAJORVM.

Les allusions aux *roues*, dont le mouvement est comparé à celui des choses de ce monde, et celles qui ont trait au titre de maïeur porté par plusieurs membres de la famille Bossuet, sont ici offertes en latin, sous forme de jeux de mots toujours très-recherchés par les amateurs de légendes et d'emblèmes. Une autre sorte de rébus français sur le nom même subsistait très-anciennement, en quelques endroits, à Seurre et jusque dans les églises où l'on voyait un cep de vigne très-rugueux, avec cette devise : BON BOIS BOSSVET (1) (*bossu est*).

Ces *roues*, du reste, sont très-probablement des *armes parlantes* adoptées en raison du nom de *Rouyer* que portait un des ancêtres de la famille Bossuet ; car, on lit dans le cartulaire de Seurre : « Année 1460 : Jacquet *Boussuet*, alias *Rouyer*, est créé bourgeois, IV fr. (2). »

Bénigne Bossuet, le père de notre prélat, ne pouvant obtenir une place de conseiller au parlement de Dijon, dont six de ses parents étaient déjà membres, quitta cette ville et se transporta à Metz, où son oncle maternel, Antoine de Bretagne, était depuis quelques années premier président. Bénigne devint conseiller du parlement de Metz en 1638, puis doyen de cette compagnie, et mourut en 1667.

Nous n'entreprendrons pas, ici, de tracer même une simple esquisse de la vie et des ouvrages de celui qu'on appelle encore aujourd'hui *l'Aigle de Meaux*, et qui a jeté un si vif éclat sur le siècle de Louis XIV. Tout ce que nous devons dire en écrivain fidèle, écho de la tradition locale, c'est que ni l'importance de ses travaux, ni ses immenses succès oratoires ne l'empêchèrent jamais un seul instant de veiller, comme évêque, en habile et bon pasteur à la conduite de son troupeau chéri.

(1) *Etudes sur la vie de Bossuet*, par A. Floquet, tome 1er, page 10.

(2) Il s'agit d'une somme payée pour droits ; laquelle est comptée en francs d'or de France ; car le duc Philippe le Bon n'a pas fait fabriquer de monnaies de cette sorte. En 1468, le franc d'or des rois Jean et Charles V circulait encore, et la valeur intrinsèque actuelle de cette monnaie est d'environ 13 fr. 40 c.

Ayant pris le formel engagement de prêcher à Meaux toutes les fois qu'il y officierait pontificalement, « jamais, dit encore l'abbé Le Dieu, aucune affaire, quelque pressée qu'elle fût, ne l'empêcha de venir célébrer les grandes fêtes avec son peuple et lui annoncer la sainte parole. » Alors, « on voyait un père et non pas un prélat parler à ses enfants, et des enfants se rendre dociles et obéissants à la voix du père commun. »

Vaste génie, réellement trop élevé pour ne pas dédaigner la grandeur factice puisée dans l'éloignement des choses matérielles, Bossuet ne négligeait pas un détail de son administration épiscopale, toujours intelligente, forte et droite.

A ce sujet, le journal de l'abbé Le Dieu révèle plusieurs épisodes intimes ; et ces récits touchants déplacent parfois, sans l'amoindrir, le sentiment d'admiration qu'inspire toujours l'immortel auteur de tant de chefs-d'œuvre.

L'esprit était ébloui, maintenant, le cœur se dilate ; et, charmé de toute façon, l'on s'incline devant cette noble nature si merveilleusement douée par le Seigneur !

Sa profonde humilité semblait une grâce de plus ajoutée aux autres. « Il ne se considérait, ainsi que le remarque un maître dans l'art d'écrire (1), que comme un organe et un canal de la parole, heureux s'il en profitait tout le premier et aussi bien que les autres ; mais ne devant surtout point s'en enorgueillir. »

« C'est en vertu du même principe de modestie, et de juste et rigoureuse distinction entre l'homme et le talent, qu'au lit de mort et dans sa dernière maladie, comme le curé de Varreddes lui exprimait son étonnement qu'il voulût bien le consulter, lui à qui Dieu avait donné de si grandes et si vives lumières, il répondait : « Détrompez-vous. Il ne les donne à l'homme que pour les autres, le laissant souvent dans les ténèbres pour sa propre conduite » (2).

Puis, au moment suprême, l'évêque de Meaux découvrait encore, en toute simplicité, le fond de son âme pure et belle comme la foi : « Disons et redisons sans cesse l'oraison dominicale, ajoutait-il, arrêtez-vous à ces paroles : *Adveniat*

(1) Sainte-Beuve. *Causeries du lundi*, tome XII, page 215.
(2) *Mémoires de l'abbé Le Dieu* ; relation de la mort de Bossuet par M. de Saint-André, grand vicaire, curé de Varreddes, tome I, page 266.

regnum tuum, fiat voluntas tua. C'est la véritable prière des chrétiens et la plus parfaite des oraisons, parce qu'elle renferme tout (1). »

D'abord évêque de Condom, il fut nommé précepteur du Grand Dauphin, premier aumônier de la Dauphine et du duc de Bourgogne, conseiller d'Etat, conservateur des priviléges apostoliques de l'université de Paris, supérieur du collége royal de Navarre, membre de l'Académie Française, et enfin évêque de Meaux, où il siégea près de vingt-trois ans. Après sa mort, qui eut lieu à Paris le 12 avril 1704, son corps fut rapporté à Meaux pour être placé dans le sanctuaire de la cathédrale près de l'autel, du côté de l'épître.

Les obsèques de *Messire Jacques Bénigne Bossuet* se firent à Meaux en grande pompe. L'ancien curé de Versailles, M. Hébert, devenu alors évêque d'Agen, y officia pontificalement entouré de plusieurs prélats. Le Père De la Rue prononça l'oraison funèbre dont le texte résumait en peu de mots l'existence du pontife que l'univers chrétien devait pleurer :

Operatus est bonum, et rectum, et verum in universa cultura ministerii domus Domini..... et prosperatus est (2).

A Paris, des illustrations de tout genre assistèrent au service célébré dans la chapelle du collége de Navarre par le cardinal de Noailles, un docteur de la maison fit l'éloge de l'éminent défunt, et sans doute il fut écouté avec un douloureux recueillement par l'assemblée à laquelle il s'adressait. Chacun connaissait Bossuet, au moins de réputation; puis, en ce triste jour, les grands hommes ses contemporains ne portaient-ils pas là un deuil de famille?

Du reste, un honneur exceptionnel était encore réservé à la mémoire de ce *Père de l'Eglise*, comme l'appelait de son vivant La Bruyère, car à Rome, au collége de la *Propagande*, le chevalier Maffei se chargea de faire publiquement son panégyrique (3). Il parvint même, dit-on, à satisfaire tous les admira-

(1) Ibid., page 269.
(2) *Il fit ce qui était bon et droit et vrai, dans tout ce qui regardait le ministère de la maison du Seigneur..... et tout lui réussit heureusement.* C'est ce qui est dit d'Ezechias, au livre II des *Paralipoménes*, ch. 31.
(3) Cet éloge funèbre, dédié au Dauphin, l'élève chéri de Bossuet,

teurs de l'évêque de Meaux, et leur nombre augmentait sans cesse, comme les regrets de l'avoir perdu.

La pierre tombale de Bossuet, transportée derrière le maître-autel, en 1724, lorsqu'on dalla le sanctuaire, avait été détériorée pendant la Révolution ; elle a été remplacée par une autre pierre semblable, et remise à sa véritable place en 1854.

Cette dalle de marbre noir porte l'inscription suivante :

A   Ω

HIC QUIESCIT RESURRECTIONEM EXSPECTANS,

JACOBUS BENIGNUS BOSSUET

EPISCOPUS MELDENSIS,

COMES CONSISTORIANUS,

SERENISSIMI DELPHINI PRÆCEPTOR,

PRIMUS SERENISSIMÆ DELPHINÆ

DEINDE SERENISSIMÆ DUCIS BURGUNDIÆ

ELEEMOSYNARIUS ;

UNIVERSITATIS PARISIENSIS

PRIVILEGIORUM APOSTOLICORUM CONSERVATOR,

AC COLLEGII REGII NAVARRÆ

SUPERIOR.

OBIIT ANNO DOMINI M. DCC. IV.

DIE XII APRILIS,

ANNOS NATUS LXXVI, MENSES VI, ET DIES XVI.

VIRTUTIBUS, VERBO, AC DOCTRINA

CLARUIT IN EPISCOPATU ANNOS XXXIV.

E QUIBUS MELDIS SEDIT XXII

Jacobus Benignus Bossuet

Abbas Sti Luciani Bellovacensis

Et Archidiaconus Meldensis

Patruo colendiss. lugens posuit (1).

fut imprimé à Rome, mais on le répandit aussi à Paris, où il obtint un légitime succès.

(1) *Ici repose, en attendant la résurrection, Jacques-Bénigne Bossuet, évêque de Meaux, conseiller d'Etat, précepteur du sérénissime Dauphin, premier aumônier de la sérénissime Dauphine, et ensuite de la sérénissime duchesse de Bourgogne ; conservateur des priviléges apostoliques de l'université de Paris, et supérieur du collége de Navarre. Il mourut l'an du Seigneur 1704, le 12 avril, âgé de 76 ans, 6 mois et 16 jours. Il brilla*

Le grand sceau de Bossuet est orbiculaire (55 millimètres)
et chargé d'un élégant cartouche surmonté d'une mitre et
d'une crosse, sans couronne, sommées d'un chapeau épiscopal
dont les vingt houppes retombent à droite et à gauche de l'é-
cusson ovale, *d'azur à trois roues d'or*. Autour, en lettres capi-
tales : JACOBVS BENIGNVS EPISCOPVS MELDENSIS.

Aux deux côtés du piédestal sur lequel a été placée en **1822**,
à l'intérieur de la cathédrale de Meaux, la statue ue l'illustre
évêque, se trouvent aussi les armes des Bossuet, très-finement
sculptées et timbrées d'une couronne de comte.

Ce remarquable monument de marbre blanc, dû au ciseau du
statuaire Rutxiel, a été érigé à l'aide de sommes votées par le
conseil général de Seine-et-Marne, le conseil municipal de
Meaux et au moyen de souscriptions volontaires.

Le nom de Bossuet figure sur la liste des bienfaiteurs de l'hospice général de Meaux.

Sans donner la liste de tous les ouvrages dont se composent
les œuvres complètes de Bossuet, nous devons au moins mentionner ici le titre de ceux qui concernent le diocèse de Meaux.
On en compte quatorze principaux :

1° *Instruction du Jubilé par demandes et par réponses*, publiée
en **1682**. Elle ne se trouve pas dans les Œuvres complètes.

2° *Instructions et prières pour le Jubilé, avec mandement*, **1684**.
(Données de nouveau, à quelques mots près, pour les jubilés de
1692-1694-1696 et **1702**).

3° *Lettre pastorale aux nouveaux catholiques de son diocèse
pour les exhorter à faire leurs Pâques et leur donner les avertisse-*

---

par ses vertus, son éloquence et sa doctrine, pendant un épiscopat de
trente-quatre années, dont il passa vingt-deux ans sur le siége de
Meaux.

Jacques-Bénigne Bossuet, abbé de Saint-Lucien de Beauvais et archidiacre de Meaux, pleurant son oncle vénéré, a fait poser cette pierre sur
sa tombe.

Une lettre autographe de ce dernier, qui devint évêque de Troyes,
adressée au prieur de Claye — Paris, 14 avril 1704 — renferme de
curieux détails sur les funérailles de l'illustre prélat que le diocèse
de Meaux venait de perdre. Elle apprend que le corps de Bossuet
fit une station à Claye où le prieur était invité à tenir son église
propre et à se trouver à la porte, pour recevoir cette dernière visite
du grand pontife (Communication de M. E. Charavay).

*ments nécessaires contre les fausses lettres pastorales des Mi-
nistres,* 1686.

4° *Catéchisme du diocèse de Meaux,* 1687.

5° *Prières ecclésiastiques à l'usage du diocèse de Meaux pour
aider le chrétien à entendre le service de la paroisse aux dimanches
et aux fêtes principales,* 1689.

6° *Pièces et mémoires touchant l'abbaye de Jouarre, diocèse de
Meaux,* 1690.

7• *Lettre à madame de Rohan-Soubise sur la clôture religieuse.*

8• *Statuts et ordonnances synodales pour le diocèse de Meaux,*
1691.

9° *Méditations sur l'Évangile, données aux filles de la Visitation
de Meaux,* 1695.

10° *Méditations sur la rémission des péchés pour le temps du Jubilé et des Indulgences, tirées principalement du concile de
Trente,* 1696.

11° *Ordonnance synodale pour relâcher l'observance des fêtes dans
la moisson et les vendanges, et sur divers points de discipline,*
1698.

12° *Mandement pour la publication de la Constitution du pape
Innocent XII contre le livre intitulé : Explication des maximes
des saints sur la vie intérieure,* 1699.

13° *Mandatum ad censuram et declarationem cleri gallicani pu-
blicandam in synodo diœcesana,* 1701.

C'est la censure du clergé contre la morale relâchée.

14° *De doctrinâ concilii Tridentini circa dilectionem in sacra-
mento pœnitentiæ necessariam.* Ce traité de la nécessité de l'a-
mour de Dieu dans le sacrement de pénitence était le résultat
des conférences que l'illustre prélat avait faites avec ses ecclésiastiques avant l'assemblée de 1700, pour les prémunir contre
la doctrine relâchée. Il n'a été imprimé qu'en 1736.

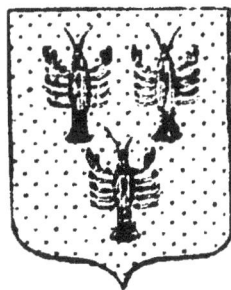

111. HENRI PONS DE BISSY, 1704; *d'or à trois écrevisses de gueules, en pal, posées deux et une,* fils d'Éléonore de Neuchèze et de Claude de Thiard, comte de Bissy, baron de Pierre, de Vauvry et d'Hautume, chevalier des ordres du Roi en 1688, lieutenant-général de ses armées dans la province de Lorraine et commandant pour Sa Majesté dans les trois évêchés de Metz, Toul et Verdun, « l'un des bons officiers de Louis XIV. » (1).

Henri Pons de Bissy, abbé de Noaillé (diocèse de Poitiers et de Trois-Fontaines (Châlons-sur-Marne), fut sacré évêque de Toul en 1687, puis, après avoir refusé l'archevêché de Bordeaux, accepta le siége de Meaux, dont il ne prit possession qu'en 1705. Le roi lui donna aussi l'abbaye de Saint-Germain-des-Prés de Paris, et le nomma commandeur de ses ordres ; enfin, le Saint-Père (Clément XI) le fit cardinal-prêtre au mois de mai 1715, et en cette qualité il assista aux conclaves tenus pour l'élection des papes Innocent XIII, Benoit XIII et Clément XII.

C'est sous l'épiscopat du cardinal de Bissy, en 1723, que les *Pénitents du tiers-ordre de saint François* s'établirent à Notre-Dame du Chesne, près Crouy, et qu'eut lieu à Meaux, en 1729, grâce à sa munificence, l'ouverture des classes si bien dirigées par les frères des Ecoles chrétiennes, pour l'instruction des enfants.

L'on doit aussi au même prélat la fondation de dix bourses qui, réunies aux dix autres bourses instituées par Jean Rose, ont formé le petit séminaire de Meaux. *L'Histoire de l'Eglise de*

(1) *Histoire de Meaux,* par M. A. Carro, page 361.

Meaux lui est dédiée. « Cette Histoire est le fruit du zèle de Monseigneur le Cardinal de Bissy, nous dit *Dom Toussaints Du Plessis* au commencement de sa préface. « Son Eminence voyait avec peine que le Diocèse de Meaux, fertile en événements, illustre par l'antiquité des Monastères qu'il renferme, et par le grand nombre de Saints qu'il a donnés à l'Eglise, recommandable par les grands Evêques qui l'ont gouverné, célèbre enfin par la naissance du calvinisme en France, et par les troubles de la Ligue, avait cependant jusqu'ici manqué d'historiens. Persuadé d'ailleurs de la nécessité d'une histoire générale de l'Eglise de France, et ce projet ne pouvant être solidement exécuté qu'avec le secours de celles des Diocèses particuliers, elle conçut, il y a quelques années, le dessein de faire travailler à l'Histoire de celui que la Providence a confié à ses soins. Son Eminence prit sur elle les frais du projet, et me fit l'honneur de me charger de l'exécution. »

Au prélat revient donc une part importante dans la publication de l'ouvrage, comme au religieux de Saint-Germain-des-Prés appartient le mérite de l'avoir écrit ; mais, à tous deux, nous devons une sincère gratitude ; car, sans l'initiative de l'un et sans le talent de l'autre, nul n'aurait songé, probablement, à réunir une foule de documents historiques que l'on chercherait en vain, aujourd'hui, ailleurs que dans l'*Histoire de l'Eglise de Meaux.*

Seulement, nous en conviendrons volontiers, ce travail aurait beaucoup gagné à être fait un peu moins vite et non dans le but visible, que se proposait l'auteur, de donner une très-prompte satisfaction à son évêque.

Le Cardinal de Bissy ne s'en tint pas à cette œuvre littéraire, et, pour laisser d'autres souvenirs de son administration, il consacra des sommes considérables à embellir l'intérieur de sa cathédrale.

De tous les changements qu'il y fit exécuter, aux applaudissements de ses contemporains, il ne subsiste plus guère aujourd'hui que le maître-autel dont on admire toujours le marbre et le beau médaillon de bronze, représentant le martyre de saint Etienne.

Son testament est aussi un monument impérissable de sa libéralité et de son inépuisable charité ; aussi le nom de ce prince de l'Eglise figure-t-il sur la liste des Donateurs de l'Hospice général de Meaux.

Ce prélat étant mort à Paris le 26 juin 1737, son corps fut rapporté à Meaux et descendu dans le caveau qu'il avait fait creuser en 1723 pour la sépulture des Evêques.

La description donnée par M. l'abbé Josse (1) de cette crypte sépulcrale nous permet de reproduire ici l'inscription qui se trouve gravée sur une plaque de cuivre placée à la hauteur de la poitrine sur le cercueil de plomb renfermant les dépouilles mortelles du cardinal de Bissy :

Cy gist l'éminentissime et révérendissime Henry de Thiard de Bissy, cardinal-prêtre de la sainte Eglise romaine du titre de saint Bernard, évêque de Meaux, commandeur de l'ordre du Saint-Esprit, abbé commandataire de l'abbaye royalle de Saint-Germain-des-Prés-lès-Paris et de Trois-Fontaines, mort à Paris en son palays abbatial, âgé de quatre-vingt-un ans, le vingt-six juillet mil sept cent trente-sept. REQUIESCAT IN PACE.

La maison de Thiard de Bissy appartenait à la Bourgogne. Son dernier rejeton, mort il y a peu d'années, était le général comte de Thiard, chambellan de l'Empereur Napoléon Ier, député de Saône-et-Loire et des Côtes-du-Nord.

Elle remonte filiativement à Claude de Thiard, seigneur de Tallenay, gentilhomme de la maison du duc de Bourgogne, qui épousa en 1350 Françoise, dame et unique héritière de Bissy.

Josserand de Thiard, fut tué à la bataille de Bouvines (1214) en défendant Eudes IV, duc de Bourgogne, dont il était écuyer (2).

Cinq siècles plus tard, Anne-Louis de Thiard, marquis de Bissy, mestre de camp général de cavalerie, tombait mortellement blessé au siége de Maëstricht, en 1748.

Du reste, dans cette chevaleresque famille, les femmes ne le cédaient pas, pour le courage, à leurs vaillants époux ; aussi voit-on Héliodore de Thiard, gouverneur de Verdun-sur-Saône, perdre la vie en combattant contre la Ligue, après des prodiges

(1) *Semaine religieuse du diocèse de Meaux*, deuxième année, page 368.

(2) Borel d'Hauterive, *Annuaire de la noblesse*, année 1847, page 369.

de valeur, et sa femme, Marguerite de Busseuil, recevoir la mort, tandis qu'elle distribuait de la poudre à la garnison de la citadelle.

A ces belliqueux souvenirs, nous en pouvons joindre de plus doux et rappeler ici la vie pastorale de Pontus de Thiard, évêque de Châlons-sur-Saône, en 1578, qui se rendit célèbre par ses œuvres intellectuelles, et faisait partie des sept poètes de la pléiade de Ronsard, lequel lui attribuait l'introduction des *sonnets* en France (1).

Il est juste d'ajouter que ce prélat eut pour successeur son neveu, Cyrus de Thiard, auquel il résigna son évêché, après vingt ans d'épiscopat, et que le nom de ce dernier figure dignement dans la *Bibliothèque des Auteurs de Bourgogne* (2).

Nous devons aussi mentionner la noble existence d'Etienne de Thiard, premier président du parlement de Dôle, dont le fils, commandeur de l'ordre d'Alcantara, fut maréchal des logis de l'empereur Charles-Quint, qui l'envoya comme ambassadeur auprès du pape Adrien VI.

Lorsqu'on visite la belle sacristie de la Cathédrale de Meaux, il est facile d'y voir, entourant les vitraux blancs de la fenêtre du milieu, une bordure coloriée, composée d'élégants rinceaux et de cartouches chargés alternativement d'une *écrevisse* et du monogramme de Henri de Thiard — H. T., surmontés d'un chapeau de cardinal — qui rappellent la part que l'éminentissime évêque prit à l'agrandissement de ce bâtiment en 1721.

Quant aux armoiries du cardinal de Bissy, c'est-à-dire telles qu'il les portait, avec plusieurs quartiers rappelant des alliances, elles se trouvent reproduites sur le plat des livres de sa bibliothèque, notamment sur un magnifique exemplaire grand *in-folio*, relié en maroquin rouge, des *Mémoires du Clergé* (3) ; sur un petit sceau orbiculaire, détaché (19 mill.), que nous possédons ; puis aussi sur un médaillon de verre peint suivant les couleurs héraldiques, et conservé à Meaux (4).

Ces armoiries sont écartelées : au 1ᵉʳ *de gueules à trois fleurs*

(1) *Dictionnaire de Moréri*, tome x, page 140.
(2) Papillon, tome ii, page 332.
(3) Bibliothèque du séminaire de Meaux.
(4) Cabinet de M. Amédée Dassy.

de lys d'or, qui est de Montgommery; au 2ᵉ *fascé d'or et de sable*, qui est de Busseuil; au 3ᵉ *de gueules à la fasce d'or*, qui est Bouton de Chamilly; au 4ᵉ, *d'azur à six besants d'argent 3, 2 et 1, au chef d'or*, qui est de Poitiers; sur le tout : *d'or à trois écrevisses de gueules*, qui est de Thiard.

L'écu ovale est surmonté d'une couronne ducale sommée du chapeau de cardinal, et entouré d'un cordon d'azur auquel pend la croix de l'ordre du Saint-Esprit, M. de Bissy étant commandeur des ordres du Roi.

Le premier président Etienne de Thiard avait pris pour devise : *Retrocedere nescit.*

Ce magistrat, sans doute, ne voulait pas qu'on pût dire de lui, en le comparant à son symbole héraldique :

> C'est l'*écrevisse* aux longs crocs, au pas lent,
> Dont le cours rétrograde avance en reculant.

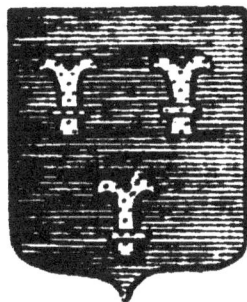

112. Antoine-René de la Roche de Fontenilles, 1737 ; *d'azur à trois rocs d'échiquier d'or, posés deux et un ;* fils de François de la Roche, marquis de Fontenilles, et de Marie-Thérèse de Mesme ; frère de Louis-Antoine de la Roche, marquis de Rambures, maréchal-de-camp des armées du roi, marié à Bénigne-Marguerite Bossuet.

Le sceau de ce prélat, plaqué sur un certificat donné au curé de Crépoil, Meaux, 3 juin 1749 (1), est de forme elliptique (34 millimètres) et représente un écusson écartelé, au 1ᵉʳ, *d'or à trois fasces de gueules*, qui est de Rambures ; au 2ᵉ, *d'or à deux lions*

_____
(1) Collection de M. Alexandre Le Blondel.

léopardés de gueules, à la bordure de sinople chargée de huit
besants d'or, qui est de Casillac; au 3ᵉ, palé d'or et de gueules,
qui est d'Amboise; au 4ᵉ, écartelé d'or au tourteau de gueules,
et d'azur au loup ravissant d'or, qui est de Montluc; sur le tout,
d'azur à trois rocs d'or d'échiquier; armoiries de la maison de la
Roche de Fontenilles. L'écu surmonté d'une couronne ducale
accostée d'une mitre et d'une crosse, et sommée d'un chapeau
épiscopal : ANT. REN. DE LA ROCHE DE FONTENILLES
EPIS. MELDENSIS. (Antonius Renatus de la Roche de Fontenilles episcopus Meldensis.)

M. de Fontenilles, d'abord chanoine de Notre-Dame de Paris,
fit son entrée solennelle à Meaux le 28 janvier 1738. Il était
premier aumônier de Madame, fille du roi; abbé commendataire de Saint-Faron de Meaux, et d'Auberive, au diocèse de
Langres.

Ses relations toutes naturelles avec la cour ne furent pas
perdues pour notre pays, car plusieurs habitants de Meaux
eurent efficacement recours à sa bienveillante protection.

Ce prélat, poussé par le pieux désir d'embellir la maison du
Seigneur, obtint du roi Louis XV neuf des grands et très-
remarquables tableaux qu'on admire dans la cathédrale. Ces
belles peintures, excellentes copies des tapisseries du Vatican,
exécutées sur les cartons de Raphaël, ont été rendues il y a
quelques années par la manufacture des Gobelins, qui les avait
empruntées, en 1830, pour les reproduire dans ses ateliers.

Durant l'année 1756, peu de temps après ce royal présent, la
chapelle Notre-Dame du Chevet devint l'objet de soins particuliers. M. de Fontenilles y fit placer, en effet, un bel autel et
une statue de la Sainte Vierge, œuvre importante de Cou-
sinet, qui a été récemment transportée dans le jardin de
l'évêché.

Du reste, à l'intérieur du palais épiscopal, d'autres souvenirs
rappelaient déjà cet évêque et la faveur réelle dont il jouissait :
d'abord, un bon portrait en pied de Louis XV, offert par ce
prince à M. de Fontenilles: puis, en plusieurs endroits, des
écussons, chargés de trois *rocs*, sculptés, non sans art, sur les

9

poutres et les lambris de l'appartement jadis occupé par Bossuet, suivant toute probabilité.

Le 10 avril 1758, la foule dut se presser sous les voûtes de la cathédrale, pour assister au sacre de M. Plaicard de Raigecourt, évêque élu d'Anvers et qui occupa longtemps le siége d'Aire.

Après avoir été un des évêques les plus recommandables de son temps, donnant à tous l'exemple d'une vie vraiment édifiante, Antoine de Fontenilles mourut à Meaux, le 7 janvier 1759, à l'âge de 59 ans seulement, et fut enterré dans le caveau construit sous le sanctuaire de la cathédrale par le cardinal de Bissy, en 1723.

« Vers le milieu de la crypte, nous dit M. l'abbé Josse (1), contre le mur du côté droit, une pierre tombale, posée horizontalement sur le sol même, et dont nous transcrivons plus bas l'inscription, indique le corps d'un autre évêque ; c'est le successeur immédiat de M. de Bissy, M. de la Roche de Fontenilles, qui fit restaurer, dans le palais épiscopal, la chambre à coucher de Bossuet, et dont les armes *parlantes* (trois petites roches) (2) se retrouvent ici sur la dalle sépulcrale comme sur les boiseries de son appartement. Le corps du prélat paraît avoir été inhumé sous cette dalle de la manière la plus simple, comme dans une fosse de cimetière.

» *Hic jacet illustrissimus et reverendissimus in Christo pater dominus d. Antonius Renatus de la Roche de Fontenilles, Episcopus Meldensis, primus ab eleemosynis Dominæ Ludovici XV regis christianissimi filiæ, abbas Sancti Faronis Meldensis, etc. Vir bonus et benignus moribus et fide commendatus. Obiit Meldis die januarii septima anno M.DCC.LIX, episcopatus vigesimo primo, ætatis sexagesimo. Requiescat in pace.* ·

» Jacques Cretté, à Meaux.

(1) *Semaine religieuse* du diocèse de Meaux, deuxième année, page 367.

(2) La figure bizarre appelée *roc*, en blason, a donné lieu, ici, à une fausse interprétation.

Roc est le nom qu'on donnait autrefois à la pièce du jeu des

» Une autre inscription, en français, gravée sur une petite plaque de cuivre, est fixée au mur, un peu au-dessus de la pierre tombale. La voici :

» *Cy gît illustrissime et révérendissime Messire Antoine Réné de la Roche de Fonteniles, évêque de Meaux, premier aumônier de Madame, abbé de S. Faron de Meaux et d'Auberive et prieur de S. Pierre d'Abbeville, décédé le 7 janvier dans la soixantième année de son âge et la 21ᵉ année de son épiscopat, 1759. Priez Dieu pour son âme.* »

La famille de ce prélat a pour berceau le pays de Bigorre. Elle a pris son nom d'une terre appelée *Roqua* ou *Roca* (1), située dans la commune de la Roque, département des Hautes-Pyrénées, et, malgré des titres de 1185, les généalogistes ne font remonter sa filiation qu'à *Willelmus Bernardi della Roca*, vivant en 1209.

M. Amédée Boudin, dans son remarquable article sur les la Roche-Fontenilles (2), parle de l'investiture de la seigneurie d'Athènes, que donna Boniface de Montferrat à Othon de la Roche, sire de Ray ; mais il a probablement confondu la maison de ce chevalier, appartenant à la haute Bourgogne, avec celle de notre évêque.

D'ailleurs, les armes d'Othon de la Roche, telles qu'on les voit à Versailles, sont représentées par un écu chargé de *cinq points de gueules équipollés à quatre points d'hermines*, et n'ont aucun rapport avec les *rocs d'échiquier* que portaient Carbonnel et Galhard de la Roche, qui, eux aussi, allèrent en Palestine, à la première croisade de saint Louis. Leurs armoiries, du reste, sont également reproduites au Musée historique créé par le roi Louis-Philippe.

« Carbonnel de la Roche, dit le texte officiel (3), étant à la

Echecs qu'on appelle aujourd'hui *Tour*. De là certainement vient le terme *roquer*, qu'emploient encore de nos jours les joueurs d'échecs, pour indiquer un coup particulier.

(1) *Histoire généalogique du Musée de Versailles*, par M. Amédée Boudin, Paris, 1858, tome 1ᵉʳ, page 153.

(2) *Ibid.*

(3) *Galeries historiques du Palais de Versailles*, tome VI, deuxième partie, page 387.

Terre Sainte, assista, comme témoin, à l'acte par lequel Gonzalvo Noguez, écuyer, donne quittance à Agapito di Gazolo de 40 livres tournois à lui prêtées sur l'ordre du comte Alphonse, le second lundi de novembre 1249.

» Galhard de la Roche se trouve nommé, avec Guillaume de Polastron et trois autres chevaliers, dans un acte daté d'Acre, au mois de juin 1250, et portant emprunt à des marchands génois de la somme de 220 livres tournois, sous la garantie d'Alphonse, comte de Poitiers. »

En 1677, François de la Roche, marquis de Fontenilles, ayant épousé Charlotte de Rambures, héritière de son ancienne maison, qui s'éteignit en 1684, le gothique château de Rambures, l'un des manoirs féodaux que l'on admire le plus en Picardie, devint la demeure des marquis de la Roche-Fontenilles, qui ont pour devise : *Deo duce, ferro comite*, et pour cri de guerre : *Guyenne! Guyenne!*

C'est sans doute en poussant ce cri de ralliement que combattait en 1420, sous le sénéchal de Beaucaire, Gaillard de la Roche, à la tête de onze écuyers et de cinq arbalétriers, ainsi que nous l'apprend un intéressant ouvrage (1).

113. Jean-Louis de la Marthonie, *alias* **de la Martonie (2)**

(1) *La Noblesse de France aux Croisades*, par P. Roger, page 344.
(2) Ce nom est effectivement écrit avec un H dans les titres relatifs à la branche restée en Périgord, et sans H dans les généalogies de celle qui s'est fixée en Saintonge, bien que leur souche soit commune.

DE CAUSSADE, 1759. *De gueules au lion d'or couronné de même, armé et lampassé de sable.* Né en 1716, sans doute au château de Caussade, paroisse de Trélissac, diocèse de Périgueux, fils de Jean-Louis de la Marthonie, seigneur de Caussade, et d'Aimée de David de Lastours, veuve de Jean de Lestrade, seigneur du Gazon.

Après avoir été vicaire général du diocèse de Tarbes, ce prélat, frère cadet d'un brigadier des armées du roi et d'Aimée de la Marthonie de Caussade, abbesse de l'abbaye royale de Ligneux, en Périgord, fut sacré évêque de Poitiers le 18 mai 1749.

Transféré à Meaux en 1759, il prit possession de ce dernier siége le 7 juin de cette même année. M. de Caussade devint aussi premier aumônier de Madame Adélaïde de France et abbé d'Auberive, au diocèse de Langres.

En 1764, il présida l'assemblée générale de l'ordre des Trinitaires, à Cerfroi, leur chef-lieu, qui fait maintenant partie de l'évêché de Soissons.

Au commencement de l'année 1771, on vit paraître le premier almanach de Meaux, sous le titre d'*Etat ecclésiastique, civil et politique du diocèse de Meaux.*

Les éditeurs (1) de cet ouvrage, en le plaçant sous les auspices de notre prélat, ne firent que lui rendre un légitime hommage; car, ainsi que le prouva, plus tard, l'épître dédicatoire adressée, en 1780, à M. de Polignac, alors évêque de Meaux, par le rédacteur en chef de l'almanach (2), c'était à M. de Caussade qu'on devait la pensée de publier cette série d'intéressants petits recueils, qui renferment plus d'un document curieux.

En effet, pour préserver ses diocésains de ces *rapsodies philosophiques qui réunissent tout ce qu'on peut imaginer de plus propre à corrompre le cœur*, « il conçut l'idée, y est-il dit, de leur donner par extraits, sous le titre d'*Almanach historique de Meaux*, l'histoire générale et particulière de leur patrie ; et pour la

_____

(1) Veuve Charle et Fils, libraires à Meaux, rue Saint-Remy.

(2) L'abbé Fontaine, curé de Trilbardou de 1779 à 1808, mort en cette paroisse le 25 février 1808.

rendre plus intéressante, il imagina d'y faire revivre une infinité d'anecdotes locales, qui jettent du jour sur les principaux faits historiques, et d'anciens et précieux monuments que le fanatisme et la barbarie des temps de trouble ont défigurés, ou que la stupide ignorance tient ensevelis dans l'oubli. La frivolité du titre ne l'arrêta pas ; il la jugea même nécessaire pour piquer d'autant plus la curiosité d'un siècle qui a perdu le goût du sérieux, et qui pourtant est avide de s'instruire. »

« Il en traça lui-même le plan, ajoute encore M. Fontaine, et, afin de faciliter mes découvertes et d'en assurer l'exactitude, il m'ouvrit avec bonté ses archives.

» Cette faveur annonça au public l'intérêt qu'il prenait à un ouvrage dont l'utilité fut bientôt sentie. Son exemple inspira la confiance, et les possesseurs de vieux titres ignorés et de tant d'autres trésors stérilement enfouis s'empressèrent de les livrer à mes recherches. »

Le jubilé de l'année sainte, accordé par le pape en 1776, donna lieu à la publication d'un remarquable mandement que l'évêque de Meaux terminait par ces mots, bien faits pour plaire au roi Louis XVI, dont ils exprimaient les propres vœux, sans flatterie : « Prions surtout, mes frères, pour le jeune monarque qui gouverne ce vaste royaume ; demandons au Seigneur qu'il daigne répandre sur lui les plus abondantes bénédictions, que son règne soit le règne de la sagesse ; qu'il en suive les conseils ; que le bonheur de ses peuples soit l'objet de ses soins et le plaisir de son âme ; qu'il préfère toujours la douceur de la paix à l'éclat des plus brillantes victoires ; qu'il fasse enfin revivre, à nos yeux, les vertus des bons rois qui ont fait la consolation et les délices de la nation. »

M. de Caussade était aussi charitable que spirituel ; deux traits suffiraient pour le prouver. Par exemple : A l'occasion du prix provincial de l'Arquebuse royale de France qui, en 1778, avait attiré à Meaux un grand concours de monde, les *chevaliers* de Brie, de l'Ile-de-France, de Picardie et de Champagne (1) s'étaient bien cotisés pour doter et marier quatre

_____

(1) Les compagnies de ces quatre provinces se trouvaient réunies

jeunes couples, un par province ; mais il fallait cependant recourir au sort afin de savoir, parmi les cinq principales paroisses de la ville, quelle serait celle qui se trouverait exclue du bienfait convoité par tant de familles ; — c'était un nuage faisant tache sur l'azur du ciel — le bon pasteur en fut averti, et tout aussitôt il se chargea du cinquième mariage.

Ce jour-là, on peut le penser, l'évêque de Meaux donna moins de bénédictions qu'il n'en reçut.

Alors, sans doute, l'édilité meldoise abusait beaucoup trop du droit de planter et de déplanter les promenades publiques, car M. de Caussade répondait un jour à quelques échevins, enchantés d'avoir trouvé un nouvel alignement pour leurs pauvres arbres : « Certes, ils me paraissent très-heureusement disposés ainsi ; mais, messieurs, afin de ne pas être obligé de les arracher si souvent, et pour les transporter plus aisément, ne ferait-on pas bien de les mettre en caisses ? »

Se trouvant à Versailles, il y mourut, le 16 février 1779, à la suite d'une inflammation de poitrine dont il avait été atteint pendant la cérémonie du baptême de l'auguste fille du roi Louis XVI. Les deux neveux de M. de Caussade, les abbés David de Saint-Hilaire et Green de Saint-Marsault obtinrent des dignités dans le Chapitre de Meaux.

Le sceau de cet évêque, apposé sur des lettres de prêtrise, datées du 21 décembre 1775, est de forme ovale (47 millimètres). Il représente un écusson à ses armes timbrées d'une couronne ducale accostée d'une mitre, d'une crosse et surmontée du chapeau épiscopal (1) : J. L. DE LA MARTHONIE DE CAVSSADE EPISC. MELDEN. (*Johannes Ludovicus de la Marthonie de Caussade episcopus Meldensis.*)

Les armoiries de M. de Caussade se trouvent aussi repro-

par un concordat établi à Châlons en 1439, et renouvelé en assemblée générale le 18 décembre 1775. (*Recueil de pièces concernant le prix provincial de l'Arquebuse royale de France, rendu par la compagnie de la Ville de Meaux le 6 septembre et jours suivants 1778. A Meaux, au caffé de M. le Blocteur, rue Saint-Nicolas, vis-à-vis le Chapeau-Rouge. M.DCC.LXXVIII*).

(1) Archives nationales, F. 4,466.

duites sur le titre de ses mandements et sur le plat de plusieurs volumes de sa bibliothèque portant, à l'intérieur, un *ex libris* ainsi conçu : *Du cabinet de Monseigneur l'évêque de Meaux,* ce qui ne permet pas de révoquer en doute notre attribution.

Or, sur le sceau, les mandements et les livres, ces armoiries représentent un lion *couronné*; et, comme dans beaucoup d'ouvrages de blason, le lion des La Martonie n'est jamais chargé d'une couronne, il est à présumer que les armes ainsi gravées sont celles de la branche cadette, établie en Saintonge, qui aura supprimé la couronne pour se distinguer de la branche aînée, à laquelle appartenait l'évêque de Meaux.

La famille de M. de Caussade tirait son nom patronymique du château seigneurial de la Martonie, situé près de Saint-Jean d'Ecole, en Périgord.

Les preuves fournies par Julie et Suzanne de la Martonie, reçues à Saint-Cir, le 9 juillet 1728, lui donnent pour auteur Etienne, seigneur de la Martonie, conseiller au parlement de Bordeaux, marié à Isabeau de Pompadour, le 11 septembre 1463.

De cette union naquit un fils, nommé Mondot de la Martonie, chevalier, seigneur de Saint-Jean-d'Ecole, de Thiviers, de Condat, de Puiguilhem et de Milhac, qui fut l'un des juges de la dissolution du mariage de Louis XII avec Jeanne de France, en 1498 (1), devint premier président du parlement de Bordeaux, remplit la même charge au parlement de Paris, et mourut à Blois, en 1517.

Jean et Gaston de la Martonie étaient évêques d'Acqs en 1516 et 1519; Geoffroi de la Martonie, évêque d'Amiens, en 1577; enfin, Henri et Raymond de la Martonie occupèrent le siége de Limoges, le premier en 1587, le second en 1618.

(1) Bernier, *Histoire de Blois*, Preuves, page xxxiiij.

114. Camille-Louis-Apollinaire de Polignac, 1779; *fascé d'argent et de gueules de six pièces*; né à Paris le 31 août 1745, fils de François-Camille de Polignac, marquis de Montpipeau, et de Marie-Louise de la Garde, fille unique du président de ce nom.

M. de Polignac était vicaire général d'Auxerre lorsqu'il fut appelé, comme évêque, à administrer le diocèse de Meaux.

Sacré le 8 août 1779, il prit possession le 11 au chapitre, et à la cathédrale le 13 de ce même mois.

L'on ne lira peut-être pas sans intérêt les détails suivants sur son entrée à Meaux :

« L'arrivée du prélat avoit été annoncée pour le 10 septembre. La milice bourgeoise prit les armes et forma deux rangs, depuis la porte Saint-Remi jusqu'à l'escalier de l'évêché. »

« Il descendit chez les religieux de la Trinité, hors la porte Saint-Remi, et, de là, se rendit à pied au palais épiscopal, au son de toutes les cloches. »

« Les différents corps de la ville s'empressèrent d'y aller le complimenter. M. Pidoux de Montanglaut, doyen de la cathédrale, eut l'honneur de lui porter le premier la parole, à la tête du chapitre, qui lui présenta le pain et le vin, comme il est d'usage. »

« Le soir, il y eut symphonie dans la grande salle de l'évêché, et feu d'artifice sur la terrasse. C'était le *bouquet* que lui offrait la ville. »

« Le lendemain, 11, Il fut reçu au chapitre et prit posses-

sion. Le 13, Il fit son entrée solennelle à la cathédrale. Cette
cérémonie fut annoncée la veille par le son des cloches. Tout le
Clergé séculier et régulier de la Ville se rendit à la Cathédrale
sur les neuf heures du matin. Le son des cloches se fit encore
entendre, et on alla processionnellement avec le Chapitre au
Palais épiscopal, où le Prélat, revêtu de ses habits pontificaux
et accompagné des corps laïcs, fut harangué en latin par le
Doyen, auquel Il répondit dans la même langue. De là, Il se
rendit à la Cathédrale précédé de tout le clergé. »

« Au devant de la principale porte, Il prêta les serments
usités. »

« On l'introduisit dans le Chœur, Il fit sa prière au bas de
l'autel et Il entonna l'Hymne *Veni Creator.* »

« Il fut ensuite conduit à son Trône où Il s'assit et assista à
la messe du Saint-Esprit qui fut chantée en musique, et après
laquelle on le reconduisit, dans la même pompe, au Palais épiscopal. »

« On avoit remarqué, dès l'entrée du prélat, qu'Il étoit ennemi du faste, et tous les cœurs avaient éprouvé à son abord
cette douce sensation que la dignité seule n'inspire pas. Nulle
barrière entre le pasteur et le troupeau. L'amour et le respect
confondoient leurs hommages. Il montra dès lors qu'ils lui
étoient tous dûs. »

« Sa première visite fut celle qu'Il rendit aux Pauvres de
l'Hôpital-Général. Il y alla sans appareil, et voulut en quelque
sorte se mettre à leur niveau dans sa marche. Son cocher lui
demandait ses ordres pour sa voiture : *Non, dit-Il, c'est à pied
qu'il faut aller voir les pauvres.* »

« Il avoit lui-même ordonné leur dîner. Il arriva au moment
où ils alloient se mettre à table. C'était pour unir l'humilité à la
bienfaisance. Il voulut servir de ses propres mains ces infortu-
nés. Les personnes de distinction de la ville, qui l'avoient suivi,
imitèrent son exemple, et tous s'empressèrent à partager avec
lui l'honneur de servir ces malheureux (1). »

_____

(1) *Almanach historique du diocèse de Meaux* pour l'année 1780.

Le 2 octobre 1781, M. de Polignac bénit solennellement l'église de Crécy, en présence du duc de Penthièvre, auquel était due la reconstruction de cet édifice.

En 1788, il établit l'usage de faire prêcher la retraite ecclésiastique par les prêtres qui en suivent l'exercice.

L'Assemblée constituante ayant décrété, le 12 juillet 1790, la constitution civile du clergé, M. de Polignac fut un des 119 évêques qui signèrent une exposition de principes sur cette constitution, pour en faire comprendre les dangers.

Le 29 décembre 1790, il avait reçu des administrateurs du district de Meaux l'invitation verbale de procéder à la nouvelle organisation de son clergé ; mais, dans une lettre datée du 11 janvier 1791, il leur répondait et se refusait au serment demandé.

Le 20 février 1791, M. de Polignac écrivit aux électeurs du département de Seine-et-Marne qui devaient s'assembler le 29 de ce mois, pour lui donner un successeur.

Le 2 avril suivant, il publiait une ordonnance datée d'Aulnai pour indiquer quelle conduite avaient à tenir les fidèles par suite de l'élection, qui venait d'avoir lieu, d'un *évêque de Seine-et-Marne.*

Une instruction ayant été donnée par M. de la Luzerne, évêque de Langres, le 15 mars 1791, aux ecclésiastiques de son diocèse qui n'avaient pas prêté serment, M. de Polignac fut un des trente prélats qui adoptèrent les dispositions que renfermait cette pièce. Il l'adressa aux curés fidèles du diocèse de Meaux, le 5 avril 1791.

Le 26 mai de la même année, notre évêque promulgua le bref du pape Pie VI, donné à Rome le 13 avril précédent au sujet de la mise en exécution de la Constitution civile du clergé.

M. de Polignac étant devenu premier aumônier de la reine Marie-Antoinette, ce titre le rapprochait trop de la Cour pour qu'il n'eût pas à redouter les effets de l'orage révolutionnaire et qu'il lui fût permis de rester en France, sous le prétendu régime de la liberté; aussi, prit-il le chemin de l'exil, mais non sans d'amers regrets (1).

Plus tard, sur la demande que lui en fit le pape Pie VII, M. de Polignac envoya sa démission adressée de Presbourg en Hongrie, le 2 novembre 1801.

Rentré enfin dans sa patrie, ce prélat mourut à Paris, le 26 octobre 1821. Ses obsèques eurent lieu à Saint-Sulpice; les absoutes furent faites par M. de Cosnac, alors évêque de Meaux.

N'oubliant pas ses pauvres, M. de Polignac fit un legs à l'hospice de Meaux, où l'on voit son nom inscrit parmi ceux des bienfaiteurs de cet établissement.

Les belles allées de tilleuls qui se remarquent encore dans le jardin de l'évêché ont été plantées par lui vers 1787.

Le sceau de M. de Polignac présente un ovale de 47 millimètres chargé d'un écusson aux armes de sa famille, supporté par un griffon et timbré d'une couronne ducale accostée d'une mitre, d'une crosse et surmonté du chapeau épiscopal : CAMIL. LUD. APOLLIN. DE POLIGNAC MELDENSIS EPISCOPVS.

L'origine de la maison de Polignac se perd dans l'épais brouillard si cher aux généalogistes, et qu'on nomme *la nuit des temps*.

A son sujet, comme il était facile de prouver que les seigneurs de ce nom occupaient déjà un rang très-considérable, à une époque où la plupart des anciennes familles arrivent seulement, d'une façon souvent problématique, à révéler leur existence, les historiens voulurent dépasser les limites extrêmes auxquelles ils s'arrêtent ordinairement.

C'est ainsi que Gaspar Chabron (2) remonte au troisième siècle de l'ère chrétienne, en rapportant la mention qu'il pré-

(1) Voir sa lettre du 10 novembre 1802, adressée aux fidèles du diocèse de Meaux et consignée par M. Bonnet de Châteaurenaud, trésorier et théologal du Chapitre, auquel M. de Polignac avait laissé tous ses pouvoirs et qui administra au nom du prélat émigré, pendant la révolution.

(2) *Histoire de la maison de Polignac, par Gaspar Chabron, docteur et avocat en la sénéchaussée et siège présidial d'Auvergne, à Riom, et juge de la vicomté de Polignac.* Manuscrit in-folio de la bibliothèque de M. le duc de Polignac, écrit vers 1650.

tend avoir trouvée, dans l'*histoire de l'édification miraculeuse de l'église Notre-Dame du Puy*, d'une *dame* issue d'un seigneur de Polignac et vivant en 221.

Sans discuter davantage la version suivant laquelle les vicomtes de Polignac descendraient d'un frère de saint Sidoine-Apollinaire, contemporain de Mérovée, sans parler longuement de l'étymologie du nom de Polignac qui, d'après le florentin Gabriel Siméoni, viendrait d'Apollon, *dieu des Gentils,* auquel un temple aurait été élevé sur la roche servant toujours de base au remarquable château de Polignac, nous dirons ici, avec l'auteur de l'*Histoire généalogique et héraldique des pairs de France* (1), que les anciens comtes héréditaires du Vélay, plus connus sous le nom de vicomtes de Polignac, parce qu'ils faisaient leur résidence ordinaire dans le château de Polignac, chef-lieu de leur domaine, descendaient d'une des plus puissantes maisons d'Aquitaine.

Ils jouissaient d'une grande autorité dans le pays, si l'on en juge par le surnom de *Rois des montagnes* (2) que leur ont donné les chroniqueurs de la croisade contre les Albigeois. Le premier vicomte de Polignac dont les titres généalogiques fassent mention, est *Hériman,* ou Armand, qui vivait en 870. Il maintint son frère Vital sur le siége épiscopal du Vélay, malgré les armes du comte d'Auvergne, comme on peut l'inférer d'un accord passé entre les parties contendantes vers l'an 886 (3).

Le 18 avril 924, lorsque Raoul, roi de France, accorda à l'évêque du Puy et à son Eglise l'autorisation de faire battre monnaie, le bénéfice résultant de ce droit régalien fut partagé par les vicomtes de Polignac, jusqu'en 1171 qu'ils y renon-

(1) Le chevalier de Courcelles; tome VIII, p. 143.
(2) Cette épithète devait être gracieusement confirmée par François Ier lorsqu'il fit un voyage en Auvergne, durant l'année 1533. Le roi-chevalier put bien, en effet, manifester sa surprise, non de recevoir une splendide hospitalité au château de Polignac, mais en voyant venir au devant de lui le seigneur du lieu, à Brioude, accompagné, dit Gaspar Chabron, de cent gentilshommes, qui tous étaient ses vassaux.
(3) Dom Vaissète : *Histoire générale du Languedoc,* tome II, page 19. M. Borel d'Hauterive ajoute que cet acte est conservé dans les archives de la cathédrale du Puy. (*Annuaire de la Noblesse de France,* 1843.)

cèrent. Néanmoins, aucune de ces pièces à leur coin appelées *Viscomtines*, selon quelques auteurs, n'a encore été découverte (1); d'ailleurs l'évêque du Puy, lui même, frappait monnaie au nom de Raoul.

La race autochthone des vicomtes de Polignac s'éteignit avec les deux frères Armand IX, en 1385, et Armand X, en 1421. Leur héritage passa, par substitution, à Pierre de Chalançon, fils de Valpurge, sœur de ces seigneurs puissants.

La maison de Chalançon avait pris son nom d'une baronnie située dans le Vélay. Son premier auteur connu est Ebrard, baron de Cha'ançon, rappelé dans une charte par laquelle Baffie, évêque de Clermont, en 1095, donne au monastère de Sauxillanges des biens qu'il avait acquis dudit seigneur.

Par suite d'un arrêt du parlement de Paris, rendu en 1464, Guillaume de Chalançon, petit-fils de Pierre, qui avait pris le nom d'Armand XI, entra en possession des biens des vicomtes de Polignac, à la charge, imposée par son aïeul, d'en prendre le nom et les armes (2).

C'est à cette dernière famille qu'appartenaient le célèbre cardinal Melchior de Polignac, auteur du poème latin l'*Anti-Lucrèce,* et notre évêque de Meaux, son petit-neveu.

En 1780, la vicomté de Polignac fut érigée en duché pour Jules-François Armand, mort en 1817.

Le second de ses fils, dernier président du Conseil des ministres du roi Charles X, se fit créer prince romain par le Souverain Pontife, en 1820, et, peu de temps après, obtint du roi Louis XVIII la confirmation de ce titre.

La maison de Polignac a deux devises; la première : *In antiquissimis*; la deuxième : *Sacer custos pacis.* Un vicomte de Polignac portait le grand étendard de l'Eglise à la première croisade.

(1) En 1854, des fouilles ayant été pratiquées dans le puits très-profond de la forteresse de Polignac, on y trouva plusieurs tronçons d'armes anciennes, de nombreux boulets de pierre et des monnaies. Tous ces objets furent donnés au musée du Puy par M. le duc de Polignac, chef actuel de son illustre maison.
(2) Antérieurement à l'adoption des armes de Polignac, les barons de Chalançon portaient : *écartelé d'or et de gueules, à la bordure de sable semée de fleurs de lys d'or.*

L'Eglise de Meaux et le Schisme constitutionnel de 1791.

Ce schisme fut causé par l'obligation imposée à tous les prêtres français, sans doute encore au nom de la liberté, de prêter un serment conforme à la constitution civile du clergé décrétée le 12 juillet 1790, et cela sous peine d'interdiction de toutes fonctions sacerdotales.

En vertu de cette loi, devant laquelle certains ecclésiastiques s'inclinèrent, et sur le refus de s'y soumettre que signifia M. de Polignac au district de Meaux, ainsi qu'on l'a déjà vu, refus qui le fit considérer comme démissionnaire, une assemblée électorale eut lieu à Melun, le 28 février 1791, et l'abbé Thuin, curé de Dontilly (1), paroisse de 900 âmes située près de Donnemarie-en-Montois, faisant alors partie du diocèse de Sens, fut nommé, sans le concours du clergé, évêque de Seine-et-Marne, à la pluralité des voix.

Mais il lui manquait celle du successeur de saint Pierre qui seul, pour les catholiques, donne l'autorité dans l'ordre spirituel : aussi, était-il permis de penser que, malgré ses idées soi-disant libérales, Pierre Thuin, arrivé à l'âge de 61 ans, se trouvait plus embarrassé que flatté de la position fausse qu'on lui avait faite.

---

(1) Voici l'acte de prise de possession de la cure de Dontilly par Pierre Thuin, copié textuellement avec l'orthographe et la ponctuation sur le registre de la paroisse de Saint-Maurice de Montereau dont M. Thuin était curé depuis 1769 :

Nous soussigné Pierre Thuin prêtre du diocèse de Sens prieur de Saint-Nicolas de Vendœuvre chanoine honoraire de Notre-Dame et curé de Saint-Maurice de Montereau nommé par son Eminence Monseigneur le cardinal de Lomenie de Brienne archevesque de Sens a la cure de Saint-Pierre de Dontilly faubourg de Donnemarie en Montois le dix huit mars mil sept cent quatre vingt dix avons pris possession de la ditte cure de Dontilly le vingt un mars de la ditte année 1790, en foy de quoi nous avons fait le présent acte et l'avons signé.

Signé : P. Thuin curé de Saint-Maurice et de Dontilly.

Certes, personne à cette occasion ne dut songer à s'écrier avec le Psalmiste : *Beatus quem elegisti et assumpsisti* (1).

M. Thuin ne pouvait guère se dissimuler, en effet, lui, prêtre de la sainte Église romaine, qu'un évêque non préconisé par le Souverain Pontife n'exercerait jamais la moindre action sur un troupeau de fidèles, et que son rôle, comme pasteur, serait toujours complétement nul.

Sans analyser de nouveau les écrits de M. de Polignac, dans lesquels ce véritable prélat maintint haut et ferme tous ses droits, en éclairant ses diocésains, nous dirons que Pierre Thuin, n'en tenant aucun compte et se voyant élu, voulut être sacré.

Toutefois, son ancien supérieur direct, l'ex-cardinal de Brienne (2), bien qu'étant l'unique archevêque qui eût prêté le *serment* et qu'il fût devenu évêque constitutionnel du département de l'Yonne, refusa de lui donner la consécration.

En raison des principes, ou plutôt de l'absence de principes du personnage (3), on serait tenté de supposer qu'il ne résista aux instances de son disciple que pour se donner le plaisir de faire cette réponse qui peint l'homme : Je *jure*, mais je ne *sacre* pas.

Joseph Gobel, évêque *métropolitain* de Paris, ci-devant évêque *in partibus* de Lydda et membre futur du club des Jacobins, se chargea donc de sacrer l'un des suffragants de son *arrondissement* constitutionnel, qui reçut cette satisfaction le 25 mars 1791.

Quelques jours plus tard paraissait la protestation dont nous avons parlé, et dans laquelle M. de Polignac déclarait nulle et sans effet l'élection de Pierre Thuin, et illicite et sacrilége sa consécration épiscopale, lui défendant, sous les peines du droit,

(1) Psaume LXIV, verset 5.

(2) Etienne Charles de Loménie de Brienne. En réponse à de justes observations de la cour pontificale, il renvoya sa barrette au pape Pie VI qui accepta cette renonciation à la pourpre romaine et, dans une bulle du 27 septembre 1791, le déclara déchu du cardinalat.

(3) Louis XVI s'opposait sans cesse à son entrée au ministère et disait à ceux qui parlaient pour lui : *Cet homme ne croit pas en Dieu.* (*Ludovisiana*, page 58).

d'exercer, dans le diocèse de Meaux, aucune fonction épiscopale, et aux prêtres et aux fidèles de communiquer avec l'*intrus*
ou avec les curés qu'il établirait dans les paroisses.

Néanmoins, l'entrée de ce nouvel évêque se fit solennellement, le 3 avril suivant.

Il vint à Meaux, par la route de Melun, accompagné de trois
membres de la direction départementale : MM. de Vaublanc, de
Jaucourt (protestant) et Picard, procureur général syndic, et
son installation eut lieu à la cathédrale, où, pendant la messe,
des chants patriotiques résonnèrent sous les voutes saintes,
ʼns trouver d'écho sympathique, il faut l'espérer.

Du reste, les discours ne firent pas défaut à la cérémonie qui
se termina, le soir, par un feu de joie que l'évêque constitutionnel voulut bien allumer.

Ayant pris aussi possession de l'évêché, il s'y trouvait le
24 juin de la même année quand, en revenant de ce voyage à
Varennes, qui ne fut, hélas, qu'une suite de pénibles décep-
tions, Louis XVI et sa famille vinrent y coucher (1).

« Le lendemain (25 juin) à six heures du matin, dit M. de
Beauchesne (2), comme la famille royale quittait le palais épiscopal, l'évêque constitutionnel voulut se justifier de l'avoir si
mal reçue. Le Roi lui répondit : « *Quand on n'est pas chez soi,
on est dispensé de s'excuser.* »

Une chronique locale rapporte qu'en entendant M. Thuin lui

---

(1) Dans un intéressant opuscule de M. Victor Modeste intitulé *Le
passage de Louis XVI à Meaux au retour de Varennes, le 24 juin 1791,*
on voit (page 12) que l'assemblée composée du directoire du district
et du conseil municipal de Meaux, « informée par divers courriers
que le Roi et la famille royale devaient passer le soir même (vendredi 24 juin) en cette ville et y coucher, chargea deux officiers
municipaux d'aller au couvent des Ursulines, dépositaires des
meubles de M. de Polignac, demander pour l'usage de Leurs Ma-
jestés le lit appelé le lit du Roi et celui du feu cardinal de Bissy.
L'évêque constitutionnel, M. Thuin qui venait tout récemment
d'être installé, était pauvre, ajoute M. Victor Modeste, l'évêché dé-
meublé. Il est probable que les deux lits furent prêtés. D'autres le
furent également par des familles de la ville.

(2) *Louis XVII,* tome premier, page 159, sixième édition.

exprimer, à la descente de voiture, combien il se trouvait honoré de recevoir le Roi dans sa *demeure*; « *Votre demeure!* aurait réparti Louis XVI, *c'est celle de M. de Polignac.* »

Mais, nous préférons la version qui parut dans une publication du temps (1), sous le titre *d'anecdote,* signée par M. Oudard Lucy, *Meldois,* peut-être un témoin, lequel raconte ainsi cet épisode :

« A son retour de Varenne, le Roi passant à Meaux fut reçu dans le Palais épiscopal ; les appartements nus et dégarnis annonçaient une maison dont le maître était absent ; l'évêque constitutionnel en témoignait ses excuses au monarque qui lui dit : *Je vous approuve, il est bien de ne pas multiplier les dépenses, quand on n'est pas chez soi...* »

Nous n'entrerons dans aucun détail sur les événements qui se succédèrent si rapidement, en France, à cette époque. La ville de Meaux eut, hélas, à déplorer les massacres dits de septembre qui, en 1792, vinrent ensanglanter ses murs et répandirent la terreur au sein de son excellente population.

Enfin le calme se rétablit.

Comme nous sommes charmé de pouvoir au moins consigner un fait à la louange de M. Thuin, l'on verra ici que, trois ans plus tard, il fit exhumer les précieuses reliques qui avaient été enterrées au mois de novembre 1792 pour les soustraire à la profanation.

Mais, chose regrettable, bien qu'on sût qu'il s'y trouvait des ossements très-authentiques de plusieurs saints, entre autres de saint Fiacre, de saint Faron et de saint Chillen, les étiquettes étant entièrement effacées, il devint impossible d'indiquer d'une manière positive à quels bienheureux appartenaient ces restes vénérés qui demeurèrent confondus dans un commun respect.

Pourquoi faut-il avouer, après cela, que Pierre Thuin célébra lui-même, dans la cathédrale, le mariage d'un des douze vicaires épiscopaux qu'on lui avait donnés ?

_____

(1) *Les Actes des Apôtres; l'an des Jurés et des Jureurs,* chapitre CCLXXIII.

Profitant du décret rendu le 3 ventôse an III (21 février 1795), M. l'abbé de Château-Renaud, représentant de M. de Polignac et son vicaire général, demanda et obtint l'autorisation d'exercer le culte catholique dans l'église Saint-Remi qu'avait achetée un particulier de la ville. A partir de ce moment, beaucoup de paroisses reçurent enfin des prêtres munis de pouvoirs légitimes publiquement reconnus et les âmes pieuses eurent le droit de prier Dieu au grand jour.

Une seule visite *pastorale* que M. Thuin fit à Montereau, son pays natal, où il avait été vicaire et curé de Saint-Maurice, est restée à l'état de souvenir; encore, le dit-on, alors, les prêtres qu'il y trouva, quoique *assermentés*, lui firent peu d'accueil et ne se prêtèrent qu'avec répugnance à la cérémonie de la confirmation pour laquelle il était venu.

On n'a de M. Thuin que trois mandements : le premier, publié longtemps après sa prise de possession, n'est qu'une longue thèse à l'appui de son institution schismatique; le deuxième a pour objet la convocation du concile national de 1801 ; le troisième, imprimé à la même époque, traite *de la paix*.

« Ce fut son dernier mot. La publication du concordat renversa l'évêque et son église, » ainsi que l'écrivait un des spirituels rédacteurs anonymes de la *Semaine religieuse* du diocèse de Meaux.

Vivant comme un simple particulier dénué de ressources, Pierre Thuin, après avoir cessé toute espèce de fonctions en 1801, mourut à Meaux, le 29 janvier 1808. M. de Faudoas, alors évêque, lui tenant compte du repentir qu'il avait témoigné et de sa rétractation expresse, permit qu'on plaçât sur son cercueil les insignes épiscopaux (1).

En tête des mandements et circulaires publiés par M. Thuin, figure le dessin imprimé sur la page suivante.

Il représente un écusson carré chargé, en quatre lignes, des

(1) On lit au nécrologe ecclésiastique du bref de 1809 : THUIN, OLIM EPISCOPUS.

cinq mots suivants, qu'on est étonné d'y voir : RELIGION CATHOLIQUE, APOSTOLIQUE ET ROMAINE.

L'écu posé sur une croix rayonnante accostée d'une mître, d'une crosse et surmontée du chapeau épiscopal, avec cette légende : *Evêché du département de Seine-et-Marne.* En bas, une branche d'olivier et une branche de chêne passées en sautoir.

Le concordat passé le 15 juillet 1801, entre le gouvernement français et le Saint-Siège, pour le rétablissement du culte catholique, vint heureusement mettre un terme au schisme qui, depuis dix ans, désolait l'Eglise de France.

Ainsi que nous l'avons dit plus haut, M. de Polignac, ancien évêque de Meaux, resté en Hongrie, donna sa démission, de sorte que M. de Barral, nommé par le premier consul Bonaparte et institué par le pape Pie VII, put, sans difficulté, prendre possession du siége de Meaux en 1802.

Le diocèse de Meaux, qui alors, très-probablement, dut sa conservation aux souvenirs glorieux et impérissables laissés par Bossuet, fut d'abord composé des deux départements de Seine-et-Marne et de la Marne, puis, en 1822, restreint au seul département de Seine-et-Marne.

Une trentaine de paroisses de l'ancien diocèse de Meaux se trouvant comprises dans les départements de l'Aisne et de l'Oise, font aujourd'hui partie des évêchés de Soissons et de Beauvais; mais cette perte a été largement compensée, puisque cet ancien diocèse ne contenait que deux cent vingt-huit paroisses, non compris les sept paroisses de la ville épiscopale, tandis que le nouveau diocèse de Meaux compte cinq cent vingt-huit communes, qui, avant la Révolution, formaient autant de paroisses.

115. Louis-Matthias de Barral, **1802.** *De gueules à trois bandes d'argent,* alias, *de gueules à trois bandes d'argent, au chef de même chargé de trois cloches d'azur bataillées d'or.* Né à Grenoble le 20 avril 1746, fils de Claudine-Françoise Vande de Saint-André et de Charles-Gabriel-Justin de Barral, seigneur de Roche-chinard, conseiller au parlement de Grenoble, en faveur duquel la seigneurie de Montferrat fut érigée en marquisat par lettres du mois d'août 1750, et l'un des quatorze enfants de Joseph de Barral de Clermont, commandant pour le Roi en Dauphiné, second président à mortier du parlement de Grenoble, qui avu aussi obtenu l'érection en marquisat de sa terre et seign... de la Bastie-d'Arvillars, en 1739.

Après avoir fait de brillantes études à Saint-Sulpice, notre futur prélat reçut le bonnet de docteur de la Maison de Navarre et fut appelé, comme vicaire général, par son oncle l'évêque de Troyes (1), qui le nomma grand archidiacre.

(1) Claude-Matthias-Joseph de Barral, né à Grenoble le 6 septembre 1714, sacré le 29 mars 1761.

En 1774, le cardinal de Luynes, archevêque de Sens, l'emmena à Rome en qualité de conclaviste; trois ans plus tard (1777), M. de Barral renonçait à son titre de Troyes pour prendre l'archidiaconé de Sens, première dignité de cette métropole.

Il était depuis quelque temps vicaire général du cardinal de Luynes, quand on lui donna d'abord (1781) l'abbaye du Val-d'Azil — diocèse de Rieux, — puis (1786) celle de Canténac — diocèse de Saint-Brieuc, — monastères dont il fut le dernier abbé commendataire.

A l'assemblée décennale du clergé, où il avait été député par la province de Sens (1785), l'abbé de Barral, conjointement avec M. de Montesquiou, remplit les fonctions d'agent général, ce qui lui fournit l'occasion de révéler de très-nombreuses connaissances, surtout en matières canoniques, et de montrer un véritable talent.

L'on se souvient que durant cette importante session, présidée par l'archevêque de Narbonne (1), le clergé fit auprès du Roi toutes les instances possibles afin que le procès du cardinal de Rohan, compromis dans l'affaire du *Collier*, lui fût renvoyé.

Nommé coadjuteur de l'évêque de Troyes, qui l'avait demandé, M. de Barral fut sacré évêque *in partibus* d'Isaure (Asie Mineure) le 5 octobre 1788, et, par suite de la démission de son oncle, devint titulaire du siége de saint Loup en 1790.

Mais bientôt, ayant refusé de prêter le *serment*, il se vit contraint de quitter la France, emportant le regret de n'avoir pu, malgré tous ses efforts, empêcher un de ses curés (2) d'accepter le triste rôle d'évêque *intrus* du département de l'Aube.

Il se retira d'abord à Constance, où M. de Juigné, archevêque de Paris, s'était déjà réfugié; puis il passa en Angleterre, d'où il envoya au pape sa démission de l'évêché de Troyes.

Durant l'année 1801, il eut enfin le bonheur de pouvoir revenir en France; alors il fut nommé évêque de Meaux, le 9 germinal

(1) Arthur-Richard de Dillon, né en 1721, sacré évêque d'Evreux en 1753, devint archevêque de Toulouse, avant d'occuper le siége de Narbonne en 1762.

(2) Augustin Sibille, curé de Saint-Pantaléon, à Troyes.

an X (30 mars 1802), et reçut l'investiture canonique que lui conféra extraordinairement le cardinal Caprara, légat *a latere*, le 24 germinal suivant (14 avril).

L'intronisation de M. de Barral eut lieu à Meaux le 17 prairial an X (6 juin 1802).

« La solennité de ce jour avait été annoncée la veille et dès le matin par des salves d'artillerie et le son des cloches.

» Les Autorités civiles et militaires, réunies à la maison commune, sur la place de laquelle les gardes nationales sédentaires et soldées étaient sous les armes, se mirent en marche pour se rendre à la Cathédrale, où le cortége arriva à dix heures du matin. M. l'Evêque s'est rendu, de son Palais épiscopal, entre deux haies de gardes nationales, à la porte de l'église, où il a été reçu par le clergé, qui l'a conduit, sous un dais, dans le chœur.

» Le Sous-Préfet, le Maire, les Tribunaux civil, correctionel, de commerce; le Juge de paix, les Chefs des corps militaires, etc., ayant pris les places qui leur étaient désignées, M. l'abbé de Château-Renaud, commissaire de M. l'archevêque de Paris, pour mettre en possession M. Debarral, nommé évêque de Meaux, après avoir conduit ce prélat à la chaire épiscopale et l'y avoir placé, lui adressa un discours (1). »

A ce compliment, que l'ancien grand-vicaire de Meaux adressa à son *révérendissime père en Dieu*. M. de Barral fit une chaleureuse réponse, en l'appelant *Prêtre vénérable du Très-Haut*; puis un *Te Deum* fut chanté en action de grâce.

Le 15 messidor suivant (4 juillet 1802), une cérémonie du même genre se passait à Reims, où le nouvel évêque de Meaux était reçu dans l'église Notre-Dame et félicité par M. Desoize, à la tête de tout le clergé réuni, en présence de plus de vingt mille spectateurs, saluant, comme lui, le prélat par ces paroles de l'Evangile : *Benedictus qui venit in nomine Domini* (2).

Peu de temps après, la ville de Châlons voyait avec joie

(1) *Almanach du diocèse de Meaux pour l'an XII de la République française*, page 102.

(2) *Ibid.*, page 116.

M. de Barral prendre aussi possession du trône épiscopal, qui n'avait pas été régulièrement occupé depuis le départ de son dernier évêque, M. de Clermont-Tonnerre.

Il incombait alors une lourde tâche au représentant de saint Faron, de saint Remi et de saint Memmie : celle de procéder au rétablissement du culte presque partout plongé dans l'oubli.

Dès sa première tournée épiscopale, le digne évêque comprit sans doute de quelles difficultés allait être entourée cette mission.

En effet, la plupart des *églises de campagne* étaient demeurées si longtemps abandonnées que leur dénuement dépassait, hélas! toutes les suppositions; mais le zèle du pasteur devait s'élever à la hauteur des circonstances. De pieux auxiliaires saisirent l'occasion de seconder leur évêque, et chacun put se dire après de très-sérieux efforts, couronnés de succès : « Seigneur, j'ai aimé la beauté de votre maison. » Beauté modeste et relative, bien entendu.

M. de Barral rendit un décret exécutorial, donné à Meaux, le 1er pluviôse an XI (21 janvier 1803), pour la publication du Concordat, la formation du Chapitre de l'église cathédrale, la circonscription des cures et succursales du diocèse de Meaux, la rénovation des pouvoirs et l'établissement des chapelles ou oratoires.

Trois mois auparavant, le 22 vendémiaire an XI (14 octobre 1802), il avait publié un mandement relatif à la réduction des fêtes suivant l'indult donné par le cardinal Caprara, légat *à latere* de Notre Saint-Père le Pape Pie VII auprès du premier consul de la République française.

Le 10 messidor an XI (29 juin 1803), M. de Barral ordonnait des prières publiques pour demander à Dieu la prospérité des armes de la République, ainsi que le chef de l'État lui en avait manifesté le désir (1).

(1) La lettre du premier Consul, imprimée à la suite du mandement, était conçue en ces termes :

« Monsieur l'Évêque, les motifs de la présente guerre sont connus de toute l'Europe. La mauvaise foi du Roi d'Angleterre, qui a violé la sainteté des traités, en refusant de restituer Malthe à l'ordre de

Le 16 ventôse an XII (7 mars 1804), l'évêque de Meaux publia un mandement afin qu'il fut chanté, dans toutes les églises de son diocèse, une messe d'actions de grâces pour la découverte d'une conspiration contre l'Etat et le premier Consul (1).

M. de Barral avait bien prouvé qu'il savait, à bonne fin, conduire toute chose « avec force et douceur; » aussi, en 1804, confiant dans sa sagesse et son esprit conciliant, le gouvernement le chargea-t-il d'aller pacifier le diocèse de Poitiers, qui venait de voir mourir de chagrin son évêque, M. Bailly. Cette délicate commission, accomplie non sans peine, dura plus de six mois, au bout desquels un évêque, M. de Pradt, vint occuper le siége de Poitiers.

Transféré à l'archevêché de Tours, le 21 mars 1805, M. de Barral devint premier aumônier de la princesse Caroline (Bonaparte), grande duchesse de Clèves et de Berg, puis de l'impératrice Joséphine (2), fut créé comte, sénateur en 1806, commandeur de la Légion d'honneur, grand-croix de l'ordre du Mérite, et, par le roi Louis XVIII, pair de France, dès le 4 juin 1814.

Ecarté de la Chambre, en 1815, pour en avoir fait partie pendant les Cent Jours, il se démit de son archevêché et mourut d'une attaque d'apoplexie le 7 juin 1816, laissant de justes

Saint-Jean de Jérusalem, qui a fait attaquer nos bâtiments de commerce sans déclaration préalable de guerre, la nécessité d'une juste défense, tout nous oblige à recourir aux armes. Je vous fais donc cette lettre pour vous dire que je souhaite que vous ordonniez des prières pour attirer la bénédiction du Ciel sur nos justes entreprises. Les marques que j'ai reçues de votre zèle pour le service de l'Etat m'assurent que vous vous conformerez avec plaisir à mes intentions.

Ecrit à Saint-Cloud, le 18 prairial an XI.

Signé : Bonaparte. »

(1) Georges Cadoudal et Pichegru en étaient les principaux chefs.

(2) André-Horace-François comte de Barral, frère de l'évêque de Meaux, et préfet du Cher sous le premier Empire, avait épousé en 1781 Anne-Amédée de Beauharnais, fille de la comtesse Fanny de Beauharnais, tante de l'impératrice Joséphine. Il est permis de penser que cette alliance devint une source de grâces dont les membres de la famille de Barral durent tout naturellement profiter.

regrets à tous ceux qui avaient pu apprécier son habile administration et sa charité.

On a de lui un ouvrage intitulé *Défense des libertés de l'Eglise gallicane et de l'assemblée du clergé de France*, qui ne parut qu'en 1817.

Ce volume in-4°, publié par les soins de son frère, l'abbé de Barral (François-Octave), ancien vicaire général des diocèses de Meaux et de Tours, est accompagné d'une notice sur notre prélat.

Le sceau de M. de Barral, comme évêque de Meaux, est composé d'un écusson pointu chargé des lettres initiales L. M. B., entrelacées, et surmonté d'un fleuron accosté d'une mitre et d'une crosse sommées du chapeau épiscopal ; le tout soutenu par deux branches d'olivier passées en sautoir.

La famille de Barral, originaire du Dauphiné, remonte à Jean de Baral, à qui le dauphin Humbert inféoda au mois d'octobre 1323, ainsi qu'à son frère Guigues de Barral, le droit de *picot* ou de *vingtuin*, comme on appelait un droit de fief à percevoir sur les vins vendus dans les mandements d'Allevard.

Ces deux frères transigèrent le 5 juin 1328 avec d'autres seigneurs qui demeuraient dans la vallée d'Allevard (1).

Quelques années plus tard, en 1337, le 10 décembre, des franchises leur furent accordées par le même Dauphin.

La filiation de cette maison est établie depuis Humbert de Barral, coseigneur d'Allevard, qui figure parmi les nobles du mandement de ce nom dans la révision des feux du 30 mai 1458.

---

(1) Ce droit, établi à l'occasion des guerres qui eurent lieu entre le roi Charles V et Amé VI, comte de Savoie, consistait, au nom du seigneur, à prendre la vingtième partie des fruits croissant en terre ou de quelque espèce de fruits seulement, selon la convention. Il était *réel* et dû par le fonds même, quand le seigneur prenait une, deux et jusqu'à trois pintes de vin par poinçon vendu en détail (*jallée de vin*), ou *personnel* lorsque les sujets le devaient au seigneur pour construire et maintenir, à ses dépens, les murailles du bourg et de l'enclos du château pour leur sûreté et la conservation de leurs meubles. (Salvaing, *Des Droits féodaux*; Eusèbe de Laurière, *Glossaire du droit français*.)

Louis de Barral, arrière-petit-fils d'Humbert, fut nommé par Henri IV surintendant général des mines et fut père de Gaspard de Barral, maître des requêtes de la reine Anne d'Autriche.

Par lettres patentes du mois de mars 1758, enregistrées au parlement et à la chambre des comptes de Grenoble, le roi Louis XV a changé le nom de la terre, seigneurie et comté d'Allevard en celui de Barral, en faveur, y est-il dit, des grands services que la famille de Barral a anciennement rendus en défendant la terre d'Allevard contre les insultes des ennemis qui en sont voisins et en même temps pour reconnaitre par là les importants services de cette famille dans les dignités qu'elle a remplies, tant dans l'Eglise que dans les principales charges de la magistrature et dans différents emplois militaires dont elle a été honorée.

116. Pierre-Paul de Faudoas, 1805, *d'azur à la croix d'or*; armoiries qui sont bien celles de la maison de Faudoas et qu'on trouve à l'article de l'évêque de Meaux, *brisées d'un franc-quartier* des barons évêques (1), c'est-à-dire : *de gueules à la croix alaisée d'or*, dans l'armorial général de l'empire français publié, en 1812, par le graveur Henri Simon.

Toutefois, notre prélat ne paraît pas avoir porté les armes de sa famille, au moins sur son sceau d'évêque représentant un

_____

(1) Sous le premier empire, un nouveau système héraldique avait introduit, dans chaque écusson de ceux qui recevaient des titres, un signe particulier à leur dignité ou à leurs fonctions.

écusson pointu chargé des lettres initiales P P. F., entrelacées, et surmonté d'une mitre, d'une crosse et du chapeau
épiscopal.

Né le 1er avril 1750 au château de la Lande, qui faisait alors
partie du diocèse d'Auch et dépend maintenant de l'archevêché de Toulouse, M. de Faudoas fit ses études au collége de
cette dernière ville et son séminaire à Saint-Sulpice de Paris.

Pourvu d'abord d'un simple bénéfice, puis d'un canonicat de
collégiale, il fut nommé en 1788, chanoine de la cathédrale de
Condom et se vit désigné par l'évêque de ce diocèse, M. d'An-
teroche, pour devenir son coadjuteur, après avoir obtenu des
lettres de vicaire général.

C'est alors que le chapitre de Condom le chargea de suivre
une importante affaire portée devant le parlement de Paris.

Depuis, la tourmente révolutionnaire l'obligeant à s'éloigner
de France, l'abbé de Faudoas se réfugia en Espagne jusqu'à
l'époque du concordat. Revenu en Gascogne, au milieu des
siens, il fallut toutes les instances des parents qu'il avait à
Paris pour le décider à gagner cette grande ville.

Enfin, s'étant mis en marche au mois de février 1805, c'est,
sur la route, que M. de Faudoas apprit non sans surprise ni
sans appréhension, qu'il avait été nommé évêque de Meaux,
peu de temps avant son départ, le 30 janvier.

Arrivé à Paris, il espérait faire agréer un refus au ministre des
cultes ; mais, M. Portalis ne voulut rien entendre à ce sujet et
se contenta, pour lui venir en aide, de l'adresser à l'ancien
archevêque de Paris, M. de Juigné.

Celui-ci, comprenant son embarras, l'engagea à choisir
comme auxiliaires M. d'Argent, l'un de ses anciens vicaires
généraux, M. Camus, ex-grand vicaire de Nancy (1), et M. Lambert, qui avait été secrétaire de l'archevêché.

Il était difficile, du reste, de trouver des hommes plus capa-
bles ; aussi M. de Faudoas, ayant suivi ce bon conseil, n'eut-il
jamais qu'à se louer de ces collaborateurs excellents.

(1) Cet administrateur distingué devait être plus tard nommé
évêque d'Aix-la-Chapelle (1810), mais il ne fut jamais sacré.

Sacré à Paris, dans l'église Notre-Dame, le 21 avril 1805, bientôt après il prit possession de son siége.

A l'occasion du sacre et couronnement, fait à Milan, de l'empereur Napoléon 1er, en qualité de roi d'Italie, l'on voit M. de Faudoas ordonner par lettre datée de Meaux (25 mai 1805) qu'il sera chanté un *Te Deum* dans la cathédrale et dans toutes les autres églises du diocèse, en ajoutant que « dans les villes où il y a plusieurs églises, ladite cérémonie se fera en l'église principale, telle que celle de Notre-Dame, à Rheims, de Saint-Aspais, à Melun et que le clergé des autres églises s'y rendra processionnellement. »

En effet, la juridiction de l'évêque de Meaux s'étendait, à cette époque, sur les départements de Seine-et-Marne et de la Marne, c'est-à-dire sur des parties plus ou moins considérables de huit anciens diocèses.

Nous avons parlé des difficultés qu'avait eu à surmonter M. de Barral, dans un grand nombre de paroisses, pour arriver seulement à ce qu'on pût y célébrer l'office divin. En fidèle écrivain, nous devons ajouter, ici, que son vertueux successeur continua dignement l'œuvre commencée durant sa courte administration.

Le 19 mars 1805, ce prélat publia des statuts et règlement pour le Chapitre de l'église cathédrale de Meaux.

Le 20 décembre suivant, un mandement parut annonçant l'adoption du *Catéchisme de l'Empire, à l'usage de toutes les églises de France* (1).

Le 25 novembre 1807 fut publié un règlement concernant l'administration diocésaine.

Par un décret du 1er mars 1808, M. de Faudoas fut créé baron de l'Empire français. Il était aussi membre de la Légion d'honneur.

A Meaux, cet évêque, sans cesse préoccupé de l'éducation des enfants, débuta par le rétablissement des Frères de la

(1) On avait seulement ajouté à cet ouvrage, copié sur l'ancien Catéchisme de Meaux dû à Bossuet, un chapitre *sur les devoirs à l'égard de l'Empereur et des autorités civiles.*

doctrine chrétienne, qui se fixèrent dans les bâtiments du District, ancienne demeure des Cordeliers (1808).

Le temps avait manqué à M. de Barral pour reconstituer les séminaires de Meaux; plus heureux que lui sous ce rapport, M. de Faudoas put procéder à leur installation, en 1809, utilisant ainsi les dépendances de l'ancienne abbaye de Chaage, achetées dans cette intention.

Mais, sans attendre ce moment, dès 1807, il avait institué, pour les jeunes gens qui s'étaient placés sous sa direction, une chaire dite de Bossuet, « consacrée à perpétuer la doctrine et les beautés littéraires de ce génie sublime. »

Avant d'être ordonnés prêtres, les diacres devaient suivre ce cours pendant deux ans.

Seulement, le nouveau séminaire fut forcé de se diviser, par suite de l'insuffisance des bâtiments, et les élèves de théologie allèrent occuper une partie du palais épiscopal, où le bon évêque se montra heureux de les recevoir.

Après avoir sollicité longtemps le retour au diocèse de l'ancien séminaire de la rue Saint-Remi, M. de Faudoas obtint enfin qu'une ordonnance, en date du 16 novembre 1816, rendît à sa seconde destination cette maison affectée d'abord à un hôpital par Jean Rose, et transformée en séminaire sous l'épiscopat de Dominique Séguier.

Toutefois, comme le collége communal y était alors établi, l'entrée en possession réelle, la réunion désirée des deux séminaires n'eut lieu qu'au mois d'octobre 1817; et, dans la suite, la ville de Meaux reçut 71,000 francs à titre d'indemnité.

Sans analyser tous les mandements publiés par M. de Faudoas, nous dirons pourtant qu'à une époque où si peu de gens osaient faire entendre le langage de la raison, lui, savait encore rappeler de sages vérités.

C'est ainsi qu'ordonnant des prières publiques en actions de grâces de la victoire remportée sur les Russes à la Moskowa, il saisissait l'occasion d'écrire, s'inspirant de Bossuet, que « quelque nécessaire, cependant, quelque glorieuse que puisse être une guerre, elle n'en est pas moins *fâcheuse* pour le peuple victorieux. » Puis il ajoutait : « Mais que n'est-elle pas pour le peuple vaincu? »

En 1817, M. de Faudoas adhéra, en ce qui le concernait, au nouveau concordat conclu le 11 juin entre le pape Pie VII et le roi Louis XVIII, et consentit à ce que le département de la Marne fût distrait du diocèse de Meaux pour le rétablissement de l'archevêché de Reims et de l'évêché de Châlons, qui ne s'effectua que cinq ans plus tard.

Le 24 septembre 1818, après un intervalle d'environ trente ans, eut lieu, à Meaux, la reprise des exercices de retraite pastorale.

Le 18 octobre 1819, M. de Faudoas publiait une lettre relative au rétablissement d'un petit séminaire à Châlons.

Mais tant de travaux et tant de fatigues avaient altéré la santé très-délicate de ce digne prélat, qui s'était vu forcé quelques semaines auparavant (3 septembre 1819) de donner sa démission.

Ayant été ensuite nommé chanoine de premier ordre du Chapitre royal de Saint-Denis, M. de Faudoas, dont on appréciait la piété, l'esprit bienveillant et la charité, mourut à Paris le 4 avril 1824.

L'auteur connu de la famille de Faudoas est Raymond Arnaud, seigneur de Faudoas, dont l'existence est révélée par le cartulaire de l'abbaye de Saint-Pierre d'Uzerche en Limousin, page 38, fol. verso.

Il vivait sous le règne du roi Philippe I⁰ʳ et fut présent, avec quelques autres seigneurs du pays de Lomagne, à la donation de la terre et église de Haudonville, faite entre les mains de Géraud, abbé, par Vivien, vicomte de Lomagne, du consentement de Béatrix, sa femme, et de Raymond, évêque de Lectoure, l'an 1091.

La maison de Faudoas a toujours porté pour armoiries un écu *d'azur à la croix d'or, tenu par deux anges revêtus*, nous dit l'historien du Fourny (1).

(1) Histoire généalogique de la maison de Faudoas dressée sur les titres originaux des archives de cette famille, sur les registres des

On voit ces armes, avec les mêmes émaux, ajoute-t-il, sur les vitres de l'église des Cordeliers ‹. la grande Observance de Toulouse, du côté de l'épitre; les seigneurs de Faudoas ayant été les premiers fondateurs de ce monastère.

François Gonzague, religieux et ministre général de l'ordre de Saint-François, rapporte cette fondation à l'année 1222, dans son ouvrage dédié au pape Sixte-Quint sous ce titre : *De origine Seraphicæ religionis Franciscanæ, ejusque progressibus* (1).

Raymond Cances, autre religieux du même Ordre, remarque au folio 35 d'un de ses registres (2), que, lorqu'il prit l'habit de Saint-François, il y avait dans ladite église un ornement en damas gris, qu'on nommait communément *les habillemens du fondateur*, où étaient brodées les armoiries des Faudoas.

Elles se voyaient du reste sculptées en relief, en plusieurs erdroits, sur le château du bourg de Faudoas, chef-lieu d'une terre et baronnie dépendant du diocèse de Toulouse avant de faire partie de l'évêché de Montauban, érigé plus tard. Faudoas est situé dans une contrée qu'on appelle le *Gimois*, à cause de la petite rivière nommée la *Gimone*, qui l'arrose.

Béraud de Faudoas II° du nom, chevalier banneret seigneur et baron de Faudoas, Hauterive, Lecauzé, Marignac, Saussignac, co-seigneur de Plieux et de Lisle en Lomagne, se distingua particulièrement durant la longue guerre que le roi Philippe de Valois fit aux Anglais.

Sa compagnie, assez importante déjà en 1340, se composa ensuite d'un bachelier, de 57 écuyers et de 160 sergents, parmi lesquels on comptait 50 arbalétriers.

Après avoir rendu de signalés services au roi Jean, il mourut en 1373 et fut enterré dans l'église des Cordeliers de Toulouse, où plusieurs des siens avaient leur tombeau.

---

chartes du Roy, du parlement, de la chambre des Comptes de Paris, de la trésorerie de Montauban et sur les cartulaires des abbayes d'Uzerche, de Grandselve et de Belleperche et autres actes et mémoires recueillis par M. du Fourny, auditeur en la chambre des Comptes de Paris, et mis en lumière par un de ses amis.—Montauban, MDCCXXIV.

(1) Page 727.
(2) Avant-propos de l'ouvrage généalogique déjà cité.

Béraud III.e du nom, chevalier, baron de Faudoas et de Barbazan (1) servit le roi Charles VII contre les Anglais à la conquête de la Guyenne, et fut fait prisonnier par eux, malgré la
foi promise, lorsqu'après quatre mois de siége, l'an 1440, la
ville de Melun se rendit aux ennemis de la France : la famine
faisant enfin ce que leurs armes n'avaient pu faire, dit Mézaray.
On l'appelait le *sire de Barbazan* et sa valeur vint ajouter un
nouveau lustre à ce nom si noblement porté déjà par un frère
d'Oudine de Barbazan, sa mère, le célèbre Arnaud Guilhem,
seigneur de Barbazan, premier chambellan du roi, gouverneur
de Champagne, de Brie et de Laonnois, auquel le roi Charles
VII avait accordé, par lettres patentes données à Paris, le
10 mai 1434, la permission de porter le nom et titre de *chevalier*
sans reproche, d'ajouter à ses armes les trois fleurs de lys de
France, et le privilége d'être un jour enseveli dans l'église de
Saint-Denis, *sépulture des rois et en leur chapelle, à leur côté, avec*
un tombeau de bronze, effigie et statue dudit Barbazan et une épi-
taphe pour marques à la postérité de sa valeur, avec les mêmes hon-
neurs et cérémonies qu'on a coutume de faire aux rois.

Les seigneurs de Faudoas se qualifiaient premiers barons
chrétiens de Guyenne.

L'évêque de Meaux appartenait à la branche de Séguenville
formée par Béraud de Faudoas, damoiseau seigneur de Sérem-
poüy, de Séguenville, qui avait épousé Magne de Briquemont
et dont les droits de légitime n'étaient pas encore réglés en
1392 et 1398.

Le château de Séguenville, du reste, se voit encore ; il est
situé à une distance égale et très-rapprochée de la place où,
jadis, s'élevaient les tours de Faudoas (2) et du manoir d'Av...
sac, résidence ordinaire d'un puîné de la famille.

(1) Fondé sur la substitution faite par Ménaud de Barbazan, son
aïeul maternel, Béraud III intenta un procès pour la succession
d'Arnaud Guilhem qui n'avait laissé qu'une fille, mariée au comte
d'Estrac, et par arrêt du Parlement il obtint entre autres seigneuries, celle de Barbazan, dont il prit le nom.

(2) « Le château de Faudoas n'existe plus ; il a été rasé par les ma-
landrins de 1793. Avant cette époque les ossements des vieux barons

Avant de terminer cette très-courte notice, il est bon de
mentionner ici le mariage de mademoiselle de Faudoas, nièce
de notre prélat, avec le général Savary, duc de Rovigo, comme
une de ces alliances assez nombreuses qui révèlent le désir
qu'avait l'empereur Napoléon Iᵉʳ de voir ses lieutenants s'unir
aux plus vieilles maisons de France, afin d'arriver à confondre
le plus possible sa nouvelle noblesse avec l'ancienne.

117. Jean-Joseph-Marie-Victoire de Cosnac, 1819, *d'argent au
lion de sable, armé, lampassé et couronné de gueules ; l'écu semé de
molettes de sable.* Devise : *Neque aurum honora, neque argentum,*
né au château de Cosnac, près de la ville de Brives, en bas-Limou-
sin, le 24 mars 1764, fils de Daniel-Joseph, marquis de Cosnac
et de Marie-Anne de Lostanges-Saint-Alvère.

M. de Cosnac, ayant fait de bonnes études philosophiques à
Saint-Sulpice et muni des diplômes du collége de Navarre,
fut pourvu d'un canonicat par son parent, M. de la Rochefoucauld, alors évêque de Beauvais, qui voulut bien y joindre des
lettres de vicaire-général ; puis survint la Révolution...

Après s'être vu plus d'une fois sur le point de recevoir la
mort, — le sort de MM. de la Rochefoucauld massacrés aux

reposaient dans le chœur de l'église des Cordeliers à Toulouse. On y
voyait leurs statues couchées sur de magnifiques tombeaux. Les
beaux ont été violés lors de la Révolution, et l'église métamorphosée
en magasin à fourrage. Quelques-unes des statues, échappées au dé-
sastre, ont été recueillies par M. le général marquis de Castelbajac,
allié de la maison de Faudoas, et placées par lui dans la galerie de
son beau château de Caumont. » (René de Rovigo, *Chronique de
France* du 9 juillet 1854, page première).

Carmes, le 2 septembre 1792, n'était pas rassurant — M. de Cosnac émigra en Angleterre, se rendit en Belgique, de là à
Munster, où la Providence lui permit de rencontrer de vrais
amis; il put aussi aller saluer le roi Louis XVIII à Mittau.

Revenu de l'exil et avant d'être appelé à la cour, comme
aumônier du Roi, M. de Cosnac devint curé de Brives-la-
Gaillarde.

L'épisode suivant peut trouver sa place ici :

C'était durant la guerre de 1811 ; un officier supérieur de
l'armée française, revenant en poste d'Espagne, avait été contraint de s'arrêter à Brives, dans un état de santé des plus
graves; le bon pasteur du lieu, prévenu de l'imminence du
danger, crut devoir se présenter pour lui offrir les secours de
la religion; mais, il fut accueilli par des imprécations, des blas-
phèmes, et se vit forcé de se retirer.

Quelques heures plus tard, on prévint ce militaire que le postillon qui l'avait amené passerait la nuit à le veiller. L'homme
annoncé entra presque aussitôt; sa tenue était irréprochable ;
costume, plaque, rien ne manquait. Seulement, tout en donnant
des soins au malade, il lui fit envisager sa position désespérée,
lui parla de Dieu et si bien qu'il finit par lui inspirer le désir de
recevoir les derniers sacrements.

Quand le persuasif postillon se fut assuré d'un consentement,
cette fois, très-difficile à obtenir, il se fit reconnaître, avoua sa
pieuse supercherie, et ce ne dut pas être sans émotion que le
moribond découvrit le stratagème qu'avait employé l'excellent
curé de Brives — car c'était lui — pour arriver à toucher son
cœur.

La nuit même, cet officier mourut après avoir reçu l'absolu-
tion d'un prêtre qu'il avait d'abord maudit.

Ces modestes et pastorales fonctions qui révélèrent plus d'une
fois son zèle, lui fournirent l'occasion d'offrir particulièrement
ses hommages de vénération au pape Pie VII lorsqu'il traversa
Brives, le 30 janvier 1814.

Nommé, en 1817, évêque de Noyon, siége dont le rétablissement, sans cesse ajourné, n'eut jamais lieu et qui est resté uni

à celui de Beauvais, M. de Cosnac se vit bientôt désigné pour remplacer, à Meaux, M. de Faudoas.

Préconisé le 27 septembre 1819, il fut sacré le 7 novembre dans l'église Saint-Roch, à Paris, par l'archevêque de Reims, (M. de Coucy-Poillecourt), assisté des évêques de Chartres et d'Autun, (MM. de Latil et de Vichy), et son installation se fit à Meaux, le 23 du même mois, en présence d'un immense concours de fidèles, les autorités civiles et militaires en tête.

Véritable apôtre dans toute l'acception du mot, M. de Cosnac, d'une très-grande austérité pour lui-même, était, pour les autres, indulgent, paternel, généreux.

Dès le commencement de son épiscopat, plusieurs missions importantes furent prêchées avec succès dans le diocèse de Meaux; de zélés prédicateurs préparaient les populations à vénérer la croix qu'ils allaient planter et que l'évêque bénissait; les retraites pastorales redevinrent un usage, comme aussi la procession solennelle établie en conformité du vœu de Louis XIII.

Mais, à cette heureuse époque de notre histoire nationale, quelle institution ne semblait pas avoir retrouvé une base solide? Quelle chose ne reprenait pas un équilibre parfait?

Pendant quelques années, ne devait-on pas croire que la France, à peine remise des plus terribles secousses, jouirait longtemps du bonheur de voir régner l'harmonie au dedans et au dehors?

Comme cette ère de calme, de prospérité, confirmait bien, alors, le beau nom de *Restauration* donné au gouvernement réparateur et vraiment libéral des Bourbons !

En 1820, M. de Cosnac, qui ne cessa d'administrer le diocèse de Reims que l'année suivante, établit un petit séminaire dans cette métropole.

Le 1er décembre 1822 parut un nouveau catéchisme à l'usage du diocèse de Meaux.

Au mois d'octobre 1823, l'ancienne maison des frères de la Charité, située à Avon, près de Fontainebleau, devint un second petit séminaire.

Le 4 mars 1824 furent promulguées des instructions et ordonnances pour l'administration du diocèse.

En 1825, M. de Cosnac, invité tout particulièrement, se rendit à Reims pour y assister au sacre du roi Charles, l'une des plus belles et des plus imposantes cérémonies qu'on ait pu voir, ainsi qu'il le disait souvent.

La reconstitution du collège de Juilly, qu'il voyait décliner avec une véritable peine, devint l'objet de sa sollicitude constante; quelques Oratoriens le dirigeaient encore, essayant en vain de ranimer cette royale et célèbre académie d'éducation, lorsque, grâce à l'intervention de l'illustre avocat Berryer, lui-même ancien élève de Juilly, ils cédèrent tous leurs droits à MM. de Scorbiac et de Salinis, de très-heureuse mémoire, le 12 juillet 1828.

M. de Cosnac ne cachant pas les sentiments profonds qu'il avait voués aux représentants de la monarchie héréditaire et traditionnelle en France (1), on peut se faire aisément une idée de la joie que dut éprouver ce loyal et chevaleresque prélat, le 31 août 1828, jour où il lui fut donné de recevoir son roi !

En effet, Charles X, accompagné du Dauphin et d'une suite nombreuse, arriva à Meaux; un arc de triomphe avait été dressé sur le passage qui devait le mener au palais épiscopal; là, notre excellent prélat l'attendait.

Le soir, il y eut illuminations, feu d'artifice et grande réception. Le lendemain, avant de repartir pour ce voyage dans l'Est de la France, qui donna lieu à tant de fêtes et d'ovations, le Roi entendit la messe à la Cathédrale, puis quitta Meaux après avoir laissé des marques de sa munificence aux pauvres de la ville et du département; nous ne parlerons pas des autres souvenirs.

Certes, la *chambre du Roi* (2), à l'Evêché, bien qu'elle eût été

(1) Toutes ses paroles en étaient la preuve, aussi bien que plusieurs écrits, particulièrement sa lettre-circulaire, en date du 1er août 1820, pour demander à Dieu l'heureuse délivrance de la duchesse de Berry, et son mandement, donné à Meaux le 15 octobre 1823, à l'occasion de l'élection du Souverain Pontife (Léon XII, Annibal della Genga) et du succès de nos armes en Espagne.

(2) Ce nom, du reste, était pleinement justifié, car plusieurs de nos rois s'arrêtèrent et couchèrent à l'évêché de Meaux; entre autres : Louis XI, Louis XII, Henri II, Henri IV, Louis XIII et Louis XIV.

remeublée pour y recevoir l'empereur Napoléon Ier, devait paraître des plus modestes à l'hôte auguste dont elle portait le titre ; mais, quelle différence il y avait du moins, question de de sentiments à part, entre l'hospitalité offerte par les Meldois au roi Charles X et celle qu'en avait reçue son infortuné frère au retour de Varennes!

Promu à l'archevêché de Sens, le 19 avril 1830, M. de Cosnac alla prendre possession de ce siége, vacant par la mort du cardinal de la Fare ; mais, avant de s'éloigner de Meaux, il fit une ordination de 24 prêtres, 7 diacres, 19 sous-diacres, 26 minorés et 22 tonsurés.

Mort le 24 octobre 1843, au château de Cosnac qui l'avait vu naître, il fut ramené à Sens pour y être inhumé dans la cathédrale, où ses obsèques furent présidées par Mgr l'évêque de Meaux.

Le jour des funérailles les pauvres de Sens, auxquels on distribua 1,000 francs au nom du regretté prélat, apprirent qu'il leur avait, en outre, légué 150 francs de rente perpétuelle.

De notables améliorations opérées à l'intérieur des bâtiments de l'évêché de Meaux sont dues à M. de Cosnac. C'est durant son administration que le beau monument de marbre blanc élevé à la mémoire de Bossuet et terminé en 1820, a été placé dans la cathédrale de Meaux, où il est encore aujourd'hui.

Le sceau de M. de Cosnac, comme évêque de Meaux, est de forme elliptique et représente un écusson carré, chargé des armes de sa famille, sommé d'une couronne ducale accostée d'une mitre et d'une crosse surmontées du chapeau épiscopal, avec une banderolle au-dessus, portant la devise : *Neque aurum honora, neque argentum.*

La maison de Cosnac tire son nom de la terre de Cosnac, située en Limousin. Elle est connue, dans cette province, depuis Immon *de Cosnac* qui, vers 924, fit, conjointement avec Itiburge, sa femme, une donation au monastère de Tulle, auquel il accorda de nouvelles faveurs en 940.

Sous le roi Robert, Bernard de Cosnac fit aussi quelques donations au même couvent.

Elie de Cosnac était à la troisième croisade (1).

En 1230, Bernard de Cosnac, chevalier, épousa une fille de Raymond III, vicomte de Turenne, et d'Hélis de Séverac.

Bon nombre des membres de cette famille essentiellement guerrière furent capitaines d'hommes d'armes et, plus tard, officiers supérieurs, décorés de l'ordre de Saint-Louis.

Sans parler des gentilshommes ordinaires de la Chambre du Roi, ni des honneurs de la Cour obtenus en 1782 et 1783, nous dirons que notre prélat avait dans le clergé français de très-glorieux précédents :

Le cardinal Bertrand de Cosnac, de l'ordre de Saint-Augustin, (pour commencer par un prince de l'Eglise), évêque de Comminges au quatorzième siècle, envoyé comme nonce en Espagne par le pape Urbain V (Guillaume de Grimoard) et auquel les rois de Castille et d'Aragon durent la paix qu'ils se décidèrent à faire, grâce à son intervention ;

Un archevêque d'Aix, le célèbre Daniel de Cosnac, prince de Soyons, en Vivarais, conseiller d'Etat, premier aumônier du duc d'Orléans, commandeur de l'ordre du Saint-Esprit, fils de François de Cosnac et d'Eléonore de Talleyrand, sœur de l'infortuné comte de Chalais, qui a laissé un recueil d'ordonnances synodales, imprimées à Aix, en 1691, et de curieux mémoires historiques (2), le promoteur du traité de Bordeaux de 1653 qui termina la Fronde ;

Enfin, l'on compte encore dans cette noble famille deux évêques de Tulle, un évêque de Valence et de Die, et un autre évêque et comte de Die.

(1) Deux actes manuscrits sur parchemin, dont l'un est l'obligation *per fidem*, et l'autre les lettres patentes du répondant, indiquent qu'Elie de Cosnac, se trouvant à Acre au mois d'août 1191, emprunta à un marchand de Gênes 30 marcs d'argent, sous la garantie d'Elie de Noailles. Les témoins sont H. de Soudeilles et G. de Bueil. (*Galeries historiques du palais de Versailles*; tome VI, deuxième partie, page 139.

(2) Deux volumes, récemment publiés par la société de l'Histoire de France, édités et annotés par M. le comte Jules de Cosnac, arrière-neveu de l'archevêque d'Aix et possesseur d'un exemplaire manuscrit de ses mémoires.

Neque auro neque argento, sed honore, semble la forme adoptée maintenant par la maison de Cosnac, pour sa devise ; celle qu'on avait composée. en forme d'épitaphe, pour l'archevêque d'Aix, après sa mort, et qui faisait allusion à l'activité extraordinaire, sans cesse déployée par ce prélat durant sa vie, était : *Requiescat ut requievit.*

148. Romain-Frédéric Gallard, 1830. *D'azur à la fasce d'argent chargée d'un losange couché en fasce, du champ, et accompagnée de quatre étoiles du second* (1). Né à Artenay, diocèse d'Orléans, le 28 juin 1785, fils de François Gallard, alors prévôt de la justice du lieu (2), et de Marie-Anne Viot.

Tout, dans la très-honorable et pieuse famille de M. Gallard, semblait devoir l'engager à entrer dans les ordres. Issu, le treizième, d'une union qui devait donner dix-neuf enfants à la France, dix garçons et neuf filles, il n'avait nullement à s'occuper de la continuation d'un nom qui ne paraissait pas près de s'éteindre. Les exemples domestiques, qui sont toujours les meilleures leçons, ne lui manquaient pas ; il recevait, en outre,

(1) L'on peut voir ces armoiries, à Meaux, ornant la tribune de la chapelle du séminaire, et sur un vitrail de l'église Saint-Nicolas, restaurée sous son administration, et rendue au culte, quelques années après, grâce aux persévérants efforts de M. l'abbé Berthemet, alors curé de cette succursale, maintenant curé-doyen de Dammartin.

(2) M. François Gallard, d'abord syndic, puis prévôt, maître de poste et maire d'Artenay, devint juge de paix en 1791, et mourut dans l'exercice de ces fonctions le 29 juin 1823. Il était chevalier de la Légion d'honneur.

d'excellents conseils de son oncle, l'abbé Germain Gallard, docteur en Sorbonne et grand-vicaire du diocèse de Senlis. Comment la pensée de marcher sur les traces de cet homme distingué, auteur d'ouvrages estimés, ne lui serait-elle pas venue?

Les mêmes motifs déterminèrent sans doute aussi la vocation d'un frère de Mgr l'Evêque de Meaux, l'abbé Constant Gallard, attaché successivement à plusieurs paroisses de Paris, mort en 1862 chanoine titulaire de Notre-Dame de Paris et chapelain de l'Impératrice.

Ayant terminé sa théologie à Saint-Sulpice, notre prélat débuta dans la carrière sacerdotale comme vicaire de Saint-Aignan d'Orléans.

Peu de temps après la Restauration, il devint chapelain du château de Saint-Cloud, puis chapelain du Roi par quartier, et reçut la décoration de la Légion d'honneur, distinction très-rare, alors, parmi les ecclésiastiques.

Le 27 septembre 1820, un touchant anniversaire ramenait M. Gallard à Artenay, pour y chanter la grand'messe et célébrer *la cinquantaine* de ses bons parents ; son frère et l'un de ses neveux faisant diacre et sous-diacre.

Il était chanoine de la métropole de Paris et vicaire général quand, en 1826, la cure de la Madeleine lui fut donnée avec l'Assomption pour église.

M. Gallard aimait ses fonctions pastorales, qui lui fournirent, durant plusieurs années, l'occasion de faire le bien ; mais, le 19 avril 1830, on l'informa qu'il venait d'être nommé évêque de Meaux.

Trois mois plus tard éclatait, en France, une révolution qui devait être funeste, bien plus encore dans ses effets que par la secousse qu'elle imprima ; car, tres-promptement, l'ordre matériel fut rétabli, mais un grand principe avait disparu.

Diverses circonstances s'opposèrent à ce que le sacre de M. Gallard eut lieu avant le 17 avril 1831.

Cette cérémonie se fit à Paris, sous la présidence de l'archevêque, M. de Quélen, assisté des évêques de Versailles et de Soissons, MM. Borderies et de Simony.

Deux jours après, le nouveau prélat prenait possession de son siége.

L'année 1832 devait être fatale à la contrée meldoise, cruellement éprouvée par le choléra. A l'occasion de cette épidémie, évêque et clergé déployèrent un dévouement sans bornes. Dieu ne permit pas, malheureusement, qu'il restât sans danger pour eux.

Le 24 avril 1834 parut un catéchisme qui devint obligatoire dans tout le diocèse.

Le 18 avril 1836 est marqué par l'établissement très-utile d'une caisse de retraite et de secours pour les prêtres âgés et infirmes; fondation approuvée et reconnue par l'Etat, et qui n'a cessé, depuis, de prospérer.

Le 21 août de la même année, une belle fête avait lieu dans la cathédrale de Meaux, pour le sacre de l'évêque élu de Séez, M. l'abbé Jolly, ex-chapelain de la duchesse de Berry, vicaire général, archiprêtre et curé de Saint-Etienne de Meaux.

La cérémonie, présidée par notre évêque, assisté de ses vénérables collègues de Châlons et de Nancy, MM. de Prilly et de Forbin-Janson, ne pouvait manquer d'attirer beaucoup de monde; toutefois, chacun voyait avec tristesse s'éloigner pour toujours un très-estimable ecclésiastique, fort aimé de ses paroissiens, et que son mérite, du reste, fit choisir, dans la suite, pour occuper le siége archiépiscopal de Sens.

En 1837, M. Gallard reconstituait l'abbaye de Jouarre et y installait une abbesse, qui reçut, en 1852, le privilége de porter la crosse, et qui ouvrit un pensionnat de jeunes filles. Elle reprenait ainsi la place qu'occupait, avant la Révolution française, madame de Montmorin, dernière titulaire du monastère fondé vers 630 par le bienheureux Adon, frère de saint Ouen, et dont sainte Thelchide (*Theodlecheldis*) avait été la première abbesse.

Par suite des événements de juillet 1830, Mgr l'Evêque de Meaux appela près de lui comme vicaire général, le voyant sans fonctions, M. de Rouhault de Gamaches, ex-aumônier du roi Charles X, ancien abbé de Saint-Loup de Troyes, et longtemps curé de Meaux sous le premier Empire.

Grâce à la confiance qu'il inspirait à la reine Marie-Amélie, et qu'il méritait sous tous les rapports, M. Gallard put rendre de réels services au clergé, lorsqu'il s'agissait de nominations à l'épiscopat.

A partir du moment où notre aimable et digne évêque fut appelé à donner des avis en haut lieu, il eut sans doute à surmonter bien des obstacles pour atteindre le but excellent qu'il poursuivait ; néanmoins, tout en montrant un esprit essentiellement conciliant, M. Gallard savait rester ferme quand sa conscience lui en faisait un devoir. Il avait le don de s'attirer le respect et de gagner l'affection par ses manières parfaites et sa charité inépuisable.

Nous ajouterons, ici, que la salutaire influence qu'exerçait M. Gallard, à la cour, lui permit d'obtenir plus d'une faveur, dont profitèrent le diocèse et ses diocésains. Un beau tableau en tapisserie des Gobelins, représentant saint Etienne, d'après Mauzaisse, et qu'on voit encore à l'évêché, n'en est pas l'unique preuve ; car, dès l'année 1832, de grands travaux de restauration furent entrepris à la cathédrale.

Nommé, le 19 janvier 1839, coadjuteur de S. E. le cardinal de Latil, archevêque de Reims, avec le titre d'archevêque d'Anazarbe, M. Gallard eut encore à sacrer, dans sa cathédrale, le grand-vicaire qui devait lui succéder, M. l'abbé Allou, évêque élu de Meaux. Cette fois, les regrets de perdre un bon pasteur semblaient diminués par la consolation qu'on éprouvait de conserver, au moins, à la tête du diocèse, l'administrateur qui le connaissait le mieux.

Les assistants de l'archevêque consécrateur étaient, ce jour-là, 28 avril 1839, l'évêque de Versailles, M. Blancart de Bailleul, et l'évêque coadjuteur d'Edimbourg, M. Gillis.

M. Gallard ne renonça pas au siége de Meaux sans manifester une peine extrême ; un vague et triste pressentiment s'y mêlait peut-être. En effet, peu de temps après son installation à Reims, cet éminent prélat y mourut, le 28 septembre 1839, âgé seulement de cinquante-quatre ans, mais réellement épuisé physiquement par d'incessantes épreuves morales.

Une messe annuelle pour le repos de son âme a été fondée à

perpétuité par la fabrique d'Artenay, reconnaissante, sur la proposition de M. l'abbé Horay, curé-doyen, et avec l'autorisation de Mgr l'Evêque d'Orléans.

Le sceau de M. Gallard, comme évêque de Meaux, ainsi qu'il est représenté sur tous ses mandements, offre un écusson carré, aux armes que nous avons décrites, sommé d'une couronne ducale accostée d'une mitre et d'une crosse surmontées du chapeau épiscopal. Au bas, les croix de la Légion d'honneur et de Léopold de Belgique, Mgr l'Evêque de Meaux étant commandeur de ces deux ordres.

119. Auguste ALLOU, 1839. *D'azur à la croix haussée* (de calvaire) *d'argent* (1). Devise : *Verbum crucis Dei virtus* (2). Né à Provins le 21 janvier 1797, fils de Jean-Louis Allou, dernier lieutenant criminel au bailliage et siége présidial de Provins, qui mourut en 1807 procureur impérial près le tribunal civil de la même ville, et de Marie-Jeanne Cugnot.

M. Auguste Allou se destinait aussi à la magistrature et fut nommé en 1820 juge auditeur au tribunal de Provins. Entré au séminaire de Saint-Sulpice, à Issy, au mois d'octobre 1822, il

(1) Ces armoiries sont représentées en couleur sur un vitrail de l'église Saint-Nicolas, à Meaux, et à la tribune de la chapelle du séminaire. Elles se voient aussi à la cathédrale dans la rose qui remplit l'ogive des cinq fenêtres de la chapelle de saint Jean l'Evangéliste, et à l'une des fenêtres de la chapelle de saint Augustin, dans l'église Sainte-Croix, à Provins.

(2) Saint Paul, I, Cor.; I, 18.

fut ordonné prêtre le 28 mai 1825, et devint, la même année
directeur du petit séminaire d'Avon. M. l'abbé Allou était su
périeur de cette maison depuis le mois d'avril 1828, lorsqu'il
fut appelé à Meaux, en 1832, pour prendre part à l'administration du diocèse comme vicaire général.

Nommé évêque de Meaux par ordonnance royale du 19 janvier 1839, M. l'abbé Allou a été préconisé par le pape Grégoire
XVI le 21 février suivant et sacré dans sa cathédrale le 28 avril
par son précédesseur, ainsi que nous l'avons déjà dit, en ajoutant, toutefois, que les deux prélats qui assistaient Mgr l'évêque
de Meaux durant cette imposante cérémonie avaient été les
condisciples du nouvel évêque, au séminaire.

Pour nous conformer au désir exprimé formellement par Sa
Grandeur, nous n'ajouterons ici, à ce dernier article, que la
nomenclature des principaux faits de son épiscopat. La commu-
cation en est due à l'obligeance de M. l'abbé Verdier, chanoine
et secrétaire général de l'évêché.

Octobre 1839. — Approbation de l'Institut des Célestines de
Provins.

1844. — Etablissement des conférences ecclésiastiques.

Octobre 1845. — Bénédiction de la chapelle du nouvel hospice général de Meaux (1).

1847. — Conversion de la communauté des Augustines de
l'Hôtel-Dieu en congrégation à supérieure générale, pour l'instruction de la jeunesse et la garde des malades.

Août 1849. — Mgr l'évêque de Meaux assiste au concile de
Paris et, en 1850, il tient un synode où les décrets dudit concile
sont promulgués.

1852. — Premier voyage *ad limina apostolorum.*

(1) A cette occasion une fort belle médaille en bronze de 52 millimètres fut frappée. Elle représente la tête du roi Louis-Philippe ; au
revers on lit : 29 *octobre* 1845. *Inauguration de l'hospice général de
Meaux, commencé le 25 mars 1843. — M. de Longpérier, maire, président de la commission administrative; MM. Lecousturier, vice-président, Guérin, Paimparey, Petit et Viellot, administrateurs. — Alph.
Durand, architecte.*

1857. — Second voyage à Rome. Le jour de Pâques, il est nommé prélat assistant au trône pontifical et comte romain.

1858. — Il prescrit l'adoption de la liturgie romaine dans toutes les églises du diocèse.

1859. — Fondation, à Meaux, d'une maison de missionnaires de la congrégation du Saint-Rédempteur, qui est transférée à Avon l'année suivante.

1860. — Fondation d'un monastère de Carmélites à Meaux.

1862. — Direction du grand et du petit séminaire confiée aux prêtres de la Mission ou Lazaristes.

1863. — Publication de nouveaux statuts diocésains.

1864. — Publication d'un nouveau catéchisme et bénédiction de la chapelle de Notre-Dame du Marché, à Meaux (1).

1869. — Troisième voyage à Rome. Sa Grandeur assiste aux séances du concile du Vatican depuis le 8 décembre 1869 jusqu'au 18 juillet 1870, et promulgue les décrets de ce concile par un mandement du 25 octobre 1871.

1874. — Acquisition, au nom du diocèse, de l'enclos de l'ancien couvent de la Visitation de Sainte-Marie, pour y construire un petit séminaire.

10 novembre de la même année. — Etablissement de l'adoration perpétuelle du Saint-Sacrement dans le diocèse.

28 mai 1875. — Célébration du 50e anniversaire de son ordination sacerdotale.

(1) Nous pouvons dire aussi qu'en 1868, sous ce même épiscopat, notre éditeur, M. Le Blondel, a fondé *La Semaine Religieuse du diocèse de Meaux.*

ERRATA ET ADDENDA.

Page 15, ligne 22, Cagone, lisez Agone.

P. 16, l. 25, Moret, lisez Mory.

P. 22, après la l. 20 : Burcard ou Burchard eut des démêlés avec deux individus qui prétendaient jouir héréditairement du droit de fabriquer la monnaie de Meaux, concédé à leur père par ce prélat ou son prédécesseur. Le comte Thibaud de Champagne intervint pour obtenir que ces deux particuliers, qui étaient ses vassaux, pussent jouir du droit en litige pendant leur vie. (Dom Martenne, *Ampliss. coll.*, tome IV, page 696.)

P. 27, l. 4, ces barons, lisez ses barons.

— l. 5, qu'ils n'agiraient, lisez qu'il n'agirait.

— *in fine*, 1161, lisez 1171.

P. 28, l. 60, 1178, lisez 1173.

P. 38, après la l. 35 : En 1245, fut tenu le huitième concile de Meaux.

P. 46, après la l. 4 : Adam de Vaudoi avait été chantre de la cathédrale de Meaux; il est cité, comme tel, le vendredi avant la Conversion de saint Paul 1276, dans le cartulaire de l'Eglise de Meaux, tome III, page 142.

Suivant la tradition locale, un écusson *fretté au franc canton semé de fleurs de lys*, qui se voit encore dans l'église de Vaudoi, représenterait les armoiries de l'évêque Adam; mais, comme aucune ancienne inscription ne vient appuyer cette supposition, je me contente de la mentionner ici, sans y attacher une sérieuse importance.

P. 48, après la l. 4 · Par son testament, en date du mois de juin 1317, Simon Festu laissa des ornements à la cathédrale de Meaux; mille livres, pour acheter des revenus destinés à la fondation de trois chapelains en l'église du collége de Navarre, et divers legs aux pauvres écoliers de Champagne étudiant au même collége. (Document communiqué par M. Th Lhuillier.)

P. 50, *in fine* : Il est encore fait mention, dans un cartulaire conservé aux archives de la Seine-Inférieure (G. 7), d'un manuscrit intitulé : *Trois questions sur l'origine des juridictions compilées par frère G. Durand, docteur en théologie, évêque de Meaux.*

P. 52, l. 2, six écuyers, selon La Roque; le *Gallia* dit *decem.*

P 53, l. 5. Il est très-douteux qu'il soit ici question de Jeanne de Bourbon, femme de Charles V. Il est plus probable qu'il s'agit de

Jeanne de Bourgogne, femme de Philippe de Valois, ou de Jeanne d'Evreux, femme de Charles-le-Bel. (Lire la dissertation que fait, à ce sujet, M Prosper Tarbé, dans son édition des œuvres poétiques de Philippe de Vitry.)

P. 54, l. 11, 1360, lisez 1361.

P. 58. A la description du sceau de l'évêque Pierre Fresnel, il convient d'ajouter la légende qui s'y trouve gravée : SIGILL : PETRI : EPI : MELDENSIS. Plusieurs généalogistes prétendent, à tort, que l'écu de ce prélat était *d'or chargé d'une aigle de gueules*, car le sceau en question ne laisse aucun doute au sujet des armes qu'il portait et qui étaient celles de sa famille.

P. 62, l. 17 : Jean de Saints étant évêque de Gap dès 1405, c'est en cette qualité qu'il assista au concile de Pise.

P. 66, après la l. 9 : Pasquier ou Paskier de Vaux (*de Vallibus*), docteur en décrets, avant d'être évêque de Meaux, avait été chanoine de Rouen On le trouve qualifié de vicaire général *in spiritualibus et in temporalibus* du cardinal de Luxembourg, dont il fut un des exécuteurs testamentaires. Conseiller du roi d'Angleterre Henri VI, Pasquier de Vaux joua un rôle important en Normandie, durant la domination anglaise; il occupait encore les fonctions de président de la Chambre des Comptes de Rouen lorsqu'il cessa d'exister, le 11 juillet 1447. (Archives de la Seine Inférieure.)

P. 68, l. 5, 1450, lisez 1447.

P. 87, note, 1545, lisez 1546.

P. 106, l. 15, 1580, lisez 1590.

P. 107, l. 5, véritable, lisez vénérable.

— l. 11, 1620, lisez 1626.

P. 112, note, Fontainebleau, lisez Saint-Germain.

P. 126, l. 4, 26 juin, lisez 26 juillet.

P. 156, l. 4 : La Lande, lisez la Lanne.

P. 161, l. 22, après L'évêque de Meaux, lisez fils de Charles de Faudoas, seigneur de Séguenville, et de Marie de Labarthe de Béraud, appartenait, etc.

FIN.

TABLE ANALYTIQUE

Meaux. — Imprimerie A. COCHET, 16, rue Saint-Etienne.

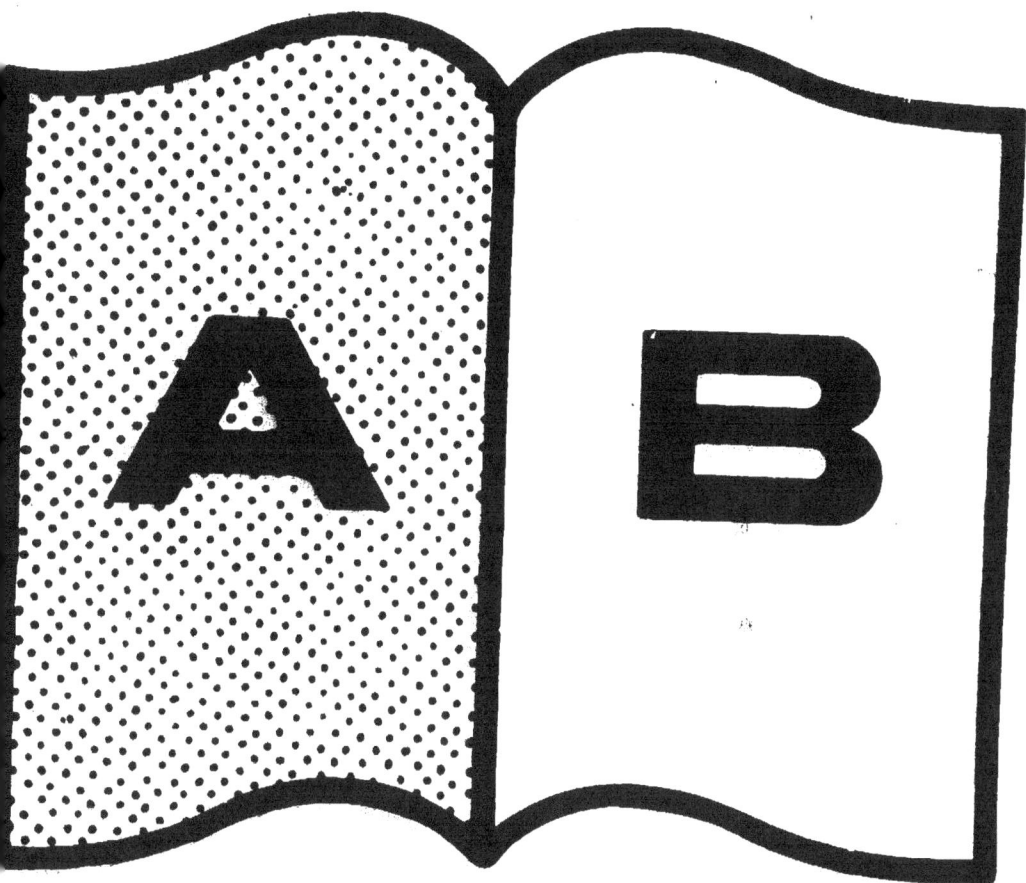

Contraste insuffisant

NF Z 43-120-14

www.ingramcontent.com/pod-product-compliance
Lightning Source LLC
Chambersburg PA
CBHW072240270326
41930CB00010B/2211